Ute B. Walz

Himmel leben

INHALT

Himmel leben 7

I. Der Himmel und unsere Schwierigkeiten 9
  1. Die Hürden auf dem Weg zum Himmel 9
  2. Verantwortung, die glückselig macht 27
  3. Das Problem der Entwicklungstraumata 33
  4. Das scheinbare Paradoxe an der Liebe 56

II. Was wir tun können bei 76
  1. Angst, Unsicherheit und Co. 84
  2. Wut und anderer Ärger 101
  3. Schock, Erstarrung und Widerstand 115
    3.1 Schock und Erstarrung 115
    3.2 Widerstand 132
  4. Scham-, Schuld- und Minderwertigkeitsgefühle 138
    4.1 Scham und Schamgefühle 141
    4.2 Schuldgefühle 149
    4.3 Minderwertigkeitsgefühle 158

III. Andere Perspektiven 166
  1. Kind Gottes, werde erwachsen! 167
  2. Die Verwechslung von Form und Inhalt 172
  3. Die Liebe zum Leid 177
  4. Denk- und Fühlmuster 182
  5. Himmel leben 194

Literaturverzeichnis 202

Übungen

A. Hand aufs Herz 77
B. Der freundliche Blick 79
C. Boden unter den Füßen spüren 86
D. Das Seelenhaus 89
E. Das innere Kind 91
F. Die Drückübung 108
G. Sich ins selbe Boot setzen 124
H. Die Herz-zu-Herz-Verbindung 129

Himmel leben

Es wird gut.
Alles wird gut.
Es ist unsere Bestimmung, den Himmel zu verkörpern. Liebe, Frieden und Glückseligkeit sind in uns angelegt, deshalb können wir den Himmel leben.
Wir sind geschaffen worden aus unendlicher Liebe. Jetzt wird es Zeit, dass wir diese Liebe leben und den Himmel auf die Erde bringen.
Dafür müssen wir verstehen, was uns bisher daran gehindert hat, den Himmel zu leben: unsere Traumatisierungen und die daraus entstandenen Denk- und Fühlmuster. Sie erzählen uns das Gegenteil von Liebe und dem Himmel.
Dennoch sind wir zutiefst geliebt und wir können unendlich lieben. Wir sind Empfänger und Sender von Liebe, denn wir sind Liebe.
Wir sind Liebe auf psychologischer, biologischer, chemischer und physikalischer Ebene. Dies macht uns so wunderbar und gleichzeitig so verletzbar und damit auch traumatisierbar.
Weil wir aus Liebe geschaffen sind, liegt es in unserer Verantwortung, Liebe zu leben. Diese Verantwortung ist die wunderbarste und herrlichste Verantwortung, die es gibt. Denn diese Verantwortung macht glückselig.
Glückseligkeit in Ewigkeit beschreibt den Zustand des Himmels und genau dies ermöglicht uns die Liebe.
Die Liebe macht glücklich und verbindet uns mit der Ewigkeit. Sie heilt Schmerz, rettet uns und erlöst uns aus Schuld

und Scham. Im Zustand der Liebe sind wir im Zustand des Himmels.
Die Liebe ist in uns angelegt. Wir müssen also nicht erst warten, bis wir sterben und in den Himmel kommen.
Der Himmel ist in uns.
Deswegen wird alles gut.

I. Der Himmel und unsere Schwierigkeiten

Bevor Du anfängst zu lesen, möchte ich eine Sache sagen: Du bist absolut liebenswert. Damit dies in diesem Buch immer wieder in Dein Bewusstsein kommen darf, spreche ich Dich ganz direkt mit Du an. Und wie Du inzwischen wahrscheinlich gemerkt hast, schreibe ich das Du groß. Vielleicht stolperst Du am Anfang über diese Schreibweise. Genau dann bitte ich Dich, Dir bewusst zu machen, dass das Du hier großgeschrieben ist, weil ich Dich damit wertschätze: *Du bist wertvoll und geliebt.*

1. Die Hürden auf dem Weg zum Himmel

Wir sind nicht getrennt vom Himmel. Aber manches ist so selbstverständlich ein Teil von uns, dass wir es nicht wahrnehmen oder erkennen.

Mit dem Zustand des Himmels ist es genauso. Er ist unser innerster Kern, unser göttlicher Ursprung. Manchmal erahnen wir ihn. Aber wir identifizieren uns nicht mit ihm.

Die Liebe ist die Grundlage unseres Daseins und tief in uns verankert. Durch die Liebe ist der Himmel in uns angelegt. Warum leben wir den Himmel dann nicht einfach?

Die erste Erklärung ist: weil es uns nicht beigebracht wurde. Wir sind evolutionsbiologisch nicht damit aufgewachsen, dass es an uns ist, den Himmel zu verkörpern. Uns wurde beigebracht, zu überleben und uns anzupassen. Aus unserem biologischen Überlebensinstinkt heraus müssen wir lebensbedrohliche Gefahren so schnell und effektiv wie möglich vermeiden oder unter Kontrolle bekommen. Damit wir dies können, brauchen wir unbewusst ablaufende Handlungsmuster. Diese Handlungsmuster sind eng verknüpft mit Fühl- und Denkmustern. Unser Denken und Fühlen laufen in immer wieder gleichen Mustern ab, ohne dass dies uns bewusst ist. Da die Entwicklung dieser Muster in (lebens-)bedrohlichen Situationen entstanden ist, sind unsere Denk- und Fühlmuster geprägt von Traumatisierungen. Muster, die auf Traumatisierungen, Schmerz und Todesangst basieren, tendieren leider dazu, immer wieder neue Traumata hervorzubringen. Wir sind so sehr damit beschäftigt, zu überleben und Schmerz zu vermeiden, dass wir den Himmel in uns nicht erkennen können. Wie aber sollen wir etwas verkörpern, das wir nicht erkennen?

Dass wir Menschen aus Liebe geschaffen sind und es unsere Aufgabe ist, die Liebe zu leben und damit den Himmel auf die Erde zu bringen, wird nicht zum Hauptziel unseres Lebens erklärt. Unsere Denk- und Fühlmuster erklären uns stattdessen, dass wir funktionieren und uns anpassen müssen, damit wir überleben können.

Aber die tiefe Wahrheit unseres Daseins ist eine andere.

Wir sind Liebe.

Wir sind Liebe, Freude, Glück, tiefer Frieden – und das alles in einer wunderbaren Form.

Hat Dir das jemand gesagt, als Du Kind warst? Bist Du damit aufgewachsen, dass Du absolut wunderbar bist? Hat Dir jemand gesagt, dass der Himmel in Dir ist und es keine Tren-

nung zwischen Dir und dem Himmel gibt? Hast Du erfahren, dass Du den Himmel leben darfst, ja dass es sogar Deine Bestimmung ist, ihn zu leben? Hat Dir jemand beigebracht, dass den Himmel zu leben Dich glücklich macht, der Welt Frieden bringt und damit das Wichtigste überhaupt in Deinem Leben ist? Vermutlich nicht. (Und wenn doch, dann bist Du leider eine Ausnahme unter Milliarden von Menschen, die es nicht wissen.)
Deswegen sage ich es Dir jetzt: Du bist Liebe. Weil Du Liebe bist, sind Freude, Glückseligkeit und tiefer Frieden in Dir angelegt.

Aber ich will ehrlich sein: Es braucht Mut, Liebe zu sein und zu leben. Es braucht Mut, denn wir müssen uns mit unserer Liebe in die Welt hineinbegeben. Die Welt ist wunderschön, aber auch voller Schmerz. Der Schmerz kann so schlimm sein, dass er nicht zum Aushalten ist.
Aber genau dort, in den unaushaltbaren Schmerz hinein bewegt sich die Liebe. Liebe ist in der Lage, das Unaushaltbare auszuhalten. Schmerz braucht Liebe – unsere Liebe. Leider empfinden wir das nicht oder wollen das so nicht sehen. Schmerz und Liebe gehören für uns nicht zusammen, schon gar nicht, wenn wir selbst auf Leid und Schmerz mit Liebe reagieren sollen. Das hat für uns etwas Paradoxes und ist schwer zu verstehen. Aber es ist so:
Wir werden in diese Welt hineingeboren, um Liebe zu verkörpern. Eine Liebe, die immer wieder aufs Neue bereit ist zu sterben. Eine unendliche Liebe, die sogar in der Lage ist, sich selbst zu versagen. Die Liebe ist die Kraft, die hineingeht in Scham und Schock. Es ist die Kraft, die sich aufgibt, da-

mit sie selbst der Lieblosigkeit mit offenen Armen begegnen kann. Die sich klein, schwach und ohnmächtig macht, weil sie keine Grenzen kennt. Die nicht wertet, selbst wenn sie entwertet und entwürdigt wird. Liebe lässt sich brechen, damit sie mit allen gebrochenen Seelen sein kann. Liebe kann weinen und trauern um jeden Schmerz, den es gibt. Liebe hat so viel Mitgefühl, dass es ihr das Herz zerreißt. Doch das zerstört sie nicht, es macht sie nur noch größer. Sie ist so stark, dass sie selbst Schuld liebevoll begegnen kann. Sie ist die Kraft der Versöhnung und der Heilung. Und sie ist die Kraft, aus der Wunder geboren werden. Diese Kraft endet nie: Liebe existiert ewig und in allem. Daher existiert sie auch in Dir und in mir und deshalb sind wir eine Verkörperung des Himmels.

Schwer zu glauben? Keine Angst, Du musst es nicht glauben. Sei skeptisch, habe Zweifel und halte mich gerne für durchgeknallt. Das alles ändert nichts daran, dass die Liebe existiert. Ich möchte Dich nicht von etwas überzeugen, ich möchte Dir nur eine Tür öffnen. Du bist es wert, dass Dir die Tür zum Himmel geöffnet wird. Aber wie Du darauf reagieren möchtest, liegt in Deiner Entscheidung. Du bist liebenswert, so wie Du bist. Also ist auch alles gut, was Du gerade an Zweifeln hast. Mit der Zeit und mit dem Lesen dieses Buches wirst Du dies immer besser verstehen.

Die Liebe ist bereit, mit allem, was ist, in Kontakt zu gehen. Genau das brauchen wir. Wir Menschen sind so gemacht, dass uns Liebe und Mitgefühl aus unseren Traumatisierungen, unseren Verletzungen und unseren ewig gleichen Schleifen an Gedanken, Gefühlen und (Lebens-)Einstellungen herausho-

len. Es klingt paradox, aber die Liebe holt uns heraus, indem sie hineingeht in den Schmerz und in die Traumatisierungen. Die Liebe geht auch in Deinen Schmerz. Sie ist in Deiner Haltlosigkeit und Einsamkeit. Die Liebe umfängt Deine Scham und Deine Schuld. Die Liebe geht dort hinein, wo Du gar nicht mehr sein kannst, weil es sich so unaushaltbar anfühlt. Dort ist die Liebe, und wenn Du bereit bist, in Kontakt mit Deinem Inneren zu gehen, wird die Liebe Dich empfangen.
Es ist leider nur nicht leicht, mit seinem Inneren in Kontakt zu treten, denn dies fühlt sich oft schmerzhaft an. Leider wurden wir viel zu oft durch Schmerz und Leid von unserem Inneren abgespalten. In Kontakt mit seinem Inneren zu kommen heißt eben auch, in Kontakt mit seinem Schmerz zu kommen. Und davor liegt der Widerstand.

Hier sind wir bei der zweiten Erklärung, warum es uns so schwerfällt, den Himmel zu leben. Leid und Schmerz erzeugen Widerstand. Für diesen Widerstand können wir nichts. Unser System – unser Nervensystem, unsere Muskeln, Neurotransmitter, Hormone usw. – machen diesen Widerstand ganz schnell und unbewusst für uns, um uns zu beschützen. Dieses Schutzsystem ist überlebenswichtig. Es ist gut, dass es existiert und uns vor mancher Gefahr rettet. Problematisch wird es deswegen, weil wir im Fühlen und Denken mitten im Widerstand stecken bleiben. Diese Fühl- und Denkmuster machen den Widerstand zur Wahrheit unseres Lebens.
Aber was passiert da genau mit uns? Warum fällt es uns so schwer, unsere wahre Bestimmung, den Himmel, zu leben?

Im Laufe dieses Buches wirst Du noch besser verstehen, was es uns schwer macht, den Himmel zu leben. Für den Einstieg möchte ich Dir eine Erklärung geben, die ein paar Grundlagen unserer Biologie wiedergibt.

Wir haben drei Wege, mit einem Problem umzugehen:
- Liebe, Mitgefühl, in Kontakt gehen
- Stress im Sinne von Kampf oder Flucht
- Schockstarre

Diese drei Wege haben im Körper mit dem Vagusnerv und dem Sympathikus (Stressachse) zu tun. Der Vagusnerv ist mit zwei verschiedenen Anteilen einmal für den ersten Weg und einmal für den dritten Weg zuständig. Diese geniale Entdeckung von Stephen W. Porges bildet die Grundlage meiner Erläuterung an dieser Stelle (Dana 2018)[1].

In den letzten Jahren wurde die Bezeichnung Vagusnerv (oder Nervus vagus) aber hauptsächlich für den ersten Weg benutzt, den der Entspannung und des Mitgefühls. Wenn ich in diesem Buch den Begriff Vagusnerv benutze, verwende ich ihn einfachheitshalber auch in diesem Sinne.

Der erste Weg ist schön, denn wir bleiben dabei entspannt und gelassen, sind gleichzeitig liebevoll mit uns und anderen und in der Lage, das Problem konkret anzupacken. Es ist der Weg, der den Himmel eröffnet. Aber es ist auch der Weg, den wir bei Problemen oft hinter den anderen Wegen zurückstellen. Unser Nervensystem tut sich mit allem Neuen immer schwerer als mit dem Altvertrauten. Evolutionsbiologisch betrachtet ist der Weg der Liebe der neueste Weg. Die alten, vertrauten Wege unseres Nervensystems verbrauchen weniger Energie als die neueren Wege. Dies ist ein Faktor, der nicht zu unterschätzen ist. Die Energie in unserem Körper ist begrenzt und so steht auch unserem Gehirn nur eine begrenzte Kapazität an Arbeitsenergie zur Verfügung. Hinzu kommt, dass unser Gehirn das Organ im Körper ist, das am meisten Energie verbraucht. Wir brauchen Nahrung, Sauerstoff, Schlaf und Erholung, damit unser Gehirn voll leistungsfähig ist. Diese Faktoren stehen uns aber nicht immer ausreichend zur Verfügung und leider in Stresszeiten und bei Problemen noch weniger. Dann fallen wir schnell auf die alten, bekannten Wege in unserem Nervensystem zurück, weil wir sie schneller und leichter abrufen können.

Hierzu ein Beispiel:

Denke bitte an drei Sprachen. Die erste ist so etwas wie die „Urlaubssprache" – damit meine ich eine Sprache, die Du in Deinem Lieblingsurlaubsland sprichst. Die zweite Sprache ist eine gut erlernte Fremdsprache und die dritte Deine Muttersprache. Von der ersten Sprache kannst Du ein paar Begriffe und Sätze, mit denen Du in Deinem Lieblingsurlaubsland leidlich zurechtkommst. Du kannst vielleicht „Hallo" und „Danke" sagen, dich mit Namen vorstellen, sagen, dass Du die Sprache nicht sprechen kannst. Du weißt aber, was „Arzt" oder wie Dein Lieblingsgetränk in dieser Sprache heißt. Für ein paar nette Momente und eine kurze Kontaktaufnahme reicht es. Diese „Urlaubssprache" entspricht dem neuesten Weg in unserem Nervensystem, dem Weg der Entspannung und des Mitgefühls.

Aber was ist, wenn in Deinem Urlaub ein Stress verursachendes Problem auftritt? Dann versuchst Du, in der Fremdsprache zu reagieren, die Du ganz gut beherrschst und von der Du ausgehst, dass jemand in dem Urlaubsland sie versteht. Sobald ein Problem auftritt, wird es schwerer, mit Liebe oder

Mitgefühl zu reagieren, weil Probleme biologisch betrachtet eine Art Bedrohung darstellen. Wir verlassen dann schnell den Weg der Liebe und des entspannenden (Selbst-)Mitgefühls und schalten auf die Stressachse um, denn irgendwie müssen wir das Problem unter Kontrolle bekommen.

So wie wir im Urlaub nicht mehr mit den wenigen Brocken der dortigen Sprache ein Problem zu lösen versuchen, sondern uns lieber auf die gut erlernte Fremdsprache verlassen. Wir versuchen, das Problem in den Griff zu bekommen, werden aufgeregter und sprechen in der uns gut vertrauten Fremdsprache. Das kann durchaus funktionieren, und nachdem das Problem gelöst ist, entspannst Du Dich und kannst wieder ein paar Brocken der Sprache des Urlaubslandes mit einem Lächeln hervorbringen. Erfahren hast Du dabei aber leider, dass Du bei Problemen besser auf die vertraute Fremdsprache, also auf die Stressachse, umschalten solltest. Dies erleben wir als Kinder oft nicht nur einmal, sondern immer wieder. Dadurch entsteht ein Lerneffekt, sodass wir mit der Zeit automatisch bei Problemen mit „Stress" statt mit Liebe und Mitgefühl reagieren.

Gehen wir einen Schritt weiter: Was ist, wenn das Problem nicht so leicht zu lösen ist? Dann wirst Du noch aufgeregter und angespannter. Steigert sich das, wirst Du irgendwann Angst oder Wut oder eine Mischung aus beidem verspüren. Du versuchst es weiter in der Dir vertrauten Fremdsprache, aber Du wiederholst in Angst oder Wut oft dieselben Worte. Unter Stress versuchen wir oft, dieselben Lösungsansätze zu benutzen. Für neue, kreative Lösungen hat unser gestresstes Gehirn immer weniger Kapazität. Wir befinden uns mitten im Problem, da können wir nicht erst ein Nickerchen machen und wertvolle Nahrung für unser Gehirn zu uns nehmen, um die Kapazität wieder zu vergrößern. Das Problem muss jetzt gelöst werden, sonst wird es bedrohlich.

Verschärfen wir das Ganze in unserem Beispiel noch mehr: Das Problem lässt sich immer noch nicht lösen, keiner spricht die von Dir gut erlernte Fremdsprache. Du wirst zunehmend hilfloser, Panik oder rasende Wut machen sich in Dir breit. Jetzt macht nicht einmal mehr die Fremdsprache Sinn – es bleibt Dir nur noch Deine Muttersprache. Übersetzt bedeutet das, dass Du in einen Schockzustand fällst. Ich erkläre noch, was dabei genau passiert. Aber um in unserem Beispiel zu bleiben: Dir bleibt also nur noch Deine Muttersprache. Sie ist in Deinem System in Fleisch und Blut übergegangen, sie ist wenigstens noch abrufbar, weil Du für sie die geringsten Kapazitäten brauchst. Du kannst jetzt immerhin in Deiner Muttersprache schimpfen, jammern oder um Hilfe bitten. Vielleicht sagst Du gar nichts mehr, aber Du denkst noch in Deiner Muttersprache. Damit löst Du am Ende das Problem nicht, aber Du überlebst es. Und das ist ein entscheidender Punkt.

Für unser System, vor allem für unser Nervensystem, ist zu überleben das einzig Wichtige!

Auch hier hast Du am Ende etwas gelernt: Zum Überleben hat nur die Muttersprache, das heißt der Schockzustand, geholfen. Ich weiß, das klingt nicht automatisch logisch, aber unser Gehirn speichert das ab, was am Ende noch vorhanden war, als wir gemerkt haben, wir haben das Problem überstanden bzw. überlebt. Unser Gehirn versucht, Schlussfolgerungen zu ziehen, damit es beim nächsten Mal effektiv reagieren kann, wenn wieder ein Problem dieser Größenordnung auftritt. Dass der Schockzustand uns überleben lässt, ist von Haus aus durch die Evolution so tief in unseren Instinkten abgespeichert, dass es nur eine kleine Bestätigung braucht, um den Schockzustand zu unserem Hauptreaktionsmuster bei Problemen zu machen. Erleben wir als Kinder mehrmals oder einmal sehr dramatisch, dass wir durch einen Schockzustand (vermeintlich) überlebt haben, festigen wir damit die Muster des Schockzustandes und machen sie zunehmend zu einer Wahrheit über das Leben. Es entstehen Fühl- und Denkmuster, nach denen wir das Leben formen. Darauf gehe ich im Kapitel „Das Problem der Entwicklungstraumata" noch genauer ein.

Gehen wir noch mal zum Ausgangspunkt zurück. Der Weg der Liebe klingt super, aber ist manchmal wirklich schwer anzuwenden. Also schalten wir bei Problemen auf die Stressachse um. Hierbei schütten wir die sogenannten Stresshormone aus. Stresshormon klingt oft etwas negativ, deswegen ist wichtig zu wissen, dass Stresshormone richtige Starkmacher sind. Ihr Job ist es, uns so stark zu machen, dass wir das Problem lösen können. Dies machen die Stresshormone, indem sie Kraft in die Muskeln bringen. Zusätzlich bringen sie das Herz zum kräftigeren und schnelleren Schlagen, damit mehr Blut und damit einhergehend Sauerstoff in die Muskeln transportiert werden kann. Wenn es noch nicht zu viele sind, machen die Stresshormone unser Gehirn fokussierter und kreativer. So können wir manchmal mit dem richtigen Maß an Adrenalin und Co. eine gute Lösung für ein Problem finden. Aber das Wichtigste ist: Die Stresshormone helfen uns, davonzurennen oder, wenn nötig, etwas oder jemanden anzugreifen. Daher der Name Kampf- oder Fluchtsystem (fight or flight), der auch in Verbindung mit der Stressachse genannt wird.

Schwierig wird es, wenn das Problem nicht zu lösen ist. Manchmal können wir gar nicht wegrennen oder angreifen, weil wir noch ein Baby sind oder uns beigebracht wurde, dass wir nicht einfach das Klassenzimmer mit den mobbenden Mitschülern verlassen dürfen. Manchmal können wir wegrennen, aber das hilft nicht aus dem Problem heraus. Wenn sich Menschen einsam fühlen, werden sie durch Wegrennen oder Angreifen das Problem der Einsamkeit nicht lösen. So gibt es in unserem Leben immer wieder kleinere und große Probleme, die durch das Kampf- oder Fluchtsystem nicht gelöst werden. Unser körperliches System ist aber so geschaltet, dass wir trotzdem erst einmal weiter Stresshormone ausschütten. So entstehen zunehmend Zustände von Angst bis hin zu Panik oder Wut in all ihren Facetten. Unser Herz schlägt immer schneller, der Blutdruck steigt und unser Gehirn wird von Adrenalin und Co. so überflutet, dass wir keinen klaren Gedanken mehr fassen können. Je nachdem haben wir das Gefühl, wir kippen gleich um, rasten aus oder etwas anderes Schlimmes passiert. Tatsächlich werden wir zu einer Bedrohung für uns selbst. Würden wir jetzt weiter ungebremst Stresshormone ausschütten, würden wir uns selbst umbringen. Gerade für unser Herz wäre das nicht mehr zu verkraften, es würde zuerst wie wild rasen. Diese sogenannte Tachykardie bringt das Herz in einen Zustand, in dem es sich selbst erschöpft und zunehmend weniger Blut in den Körper pumpt. Das wiederum würde zu einem Herzstillstand führen.

Daher schaltet unser System auf die Schockstarre um, also den dritten Weg, und rettet uns das Leben. Damit unser Herz vor den vielen Stresshormonen geschützt werden kann, muss es „dicht gemacht" werden. Das Nervenzentrum und die Ner-

venstränge, die für unser Herz zuständig sind, werden in ihrer Aktivität heruntergefahren. Muskelgruppen, die um das Herz herum liegen, werden in eine (angespannte) Starre versetzt. Das elektromagnetische Feld des Herzens wird kleiner, die Herzvariabilitätsrate wird unregelmäßiger. Letztere Erkenntnisse stammen aus der hochinteressanten Forschung zur Herzintelligenz® (Marx 2018)[2].
Von Liebe und Mitgefühl ist keine Spur mehr vorhanden. Unser Körper wird in eine Starre versetzt, die sich als ein Gefühl von Lähmung, Blockade, erstarrter Anspannung oder als totale Erschöpfung und Ähnliches zeigen kann.
Auch in unserem Gehirn passiert einiges.
Unser Gehirn arbeitet noch passabel in Bereichen, die das Überleben sichern. So ermöglicht es uns zum Beispiel, weiter zu atmen. Andere Bereiche werden „heruntergefahren", sie zeigen im MRT keine oder kaum Aktivität. Dies sind Bereiche, die für Motivation und Zielsetzung, für die Kommunikation bzw. das Sprechen, für die Selbstwahrnehmung und das Identitätsgefühl oder für das Gefühl, im Hier und Jetzt zu sein, zuständig sind. Diese Funktionen sind für die Schockstarre nämlich hinderlich (Levine 2011, van der Kolk 2016)[3].
Schauen wir uns einzelne Aspekte genauer an.
Die Schockstarre war schon lange vor der Entstehung des Menschen ein guter Überlebensmechanismus. Wir kennen sie schon von Reptilien. Hast Du Dich schon einmal einer Eidechse vorsichtig genähert und gesehen, wie sie plötzlich unbeweglich stehen bleibt? Hier sehen wir, wie der Schutzmechanismus funktioniert. Die Eidechse versucht damit, Jäger und Fressfeinde, zum Beispiel Schlangen, zu täuschen. Die Schlange nimmt die Eidechse nicht mehr als Nahrung wahr

und zieht weiter. Dann kann die Eidechse aus ihrer Erstarrung aufwachen und munter und lebendig ihres Weges gehen. Dieser Schutzmechanismus scheint so effektiv gewesen zu sein, dass er auch bei den Säugetieren tief verankert ist. Ich erkläre das immer gerne anhand eines kleinen Hasen, denn wir sind diesem süßen kleinen Häschen gar nicht so unähnlich.

So ein kleiner Hase wird von den Haseneltern schon einmal allein gelassen, denn wenn alle auf derselben Stelle Gras oder Klee fressen, ist bald nichts mehr da. Also gehen die Großen weiter weg und der kleine Hase soll an Ort und Stelle fressen. Da kann aber auch einmal ein Fuchs daherkommen, der Hunger hat. Verständlicherweise bedeutet dies Stress für das kleine Häschen. Die Stressachse des Hasen sollte ihm die Möglichkeit zu Kampf oder Flucht verleihen. Aber keines von beiden wird ihn hier retten. Als so ein kleiner Hase kann er weder schnell genug wegrennen noch ist er stark genug, gegen den Fuchs zu kämpfen. So bleibt dem Häschen nur noch die Schockstarre bzw. der sogenannte Totstellreflex, um zu überleben. Das Gehirn des Hasen fährt das Areal der Zielsetzung oder Motivation herunter, damit der Hase gar nicht erst auf die Idee kommt, wegzurennen oder zu kämpfen. Stresshormone werden abgeblockt, damit sie in der Muskulatur nicht in Bewegung umgesetzt werden können. Daneben wird das Sprach- und Kommunikationsareal heruntergefahren, damit er kein noch so kleines Geräusch von sich geben kann. Die Selbstwahrnehmung wird herabgesetzt, damit er möglichst wenig Angst verspürt, selbst wenn der Fuchs an ihm herumschnuppert. Der kleine Hase wird aus dem Hier und Jetzt katapultiert, um diesen Moment der extremen Be-

drohung nicht wirklich zu spüren – und damit zu überleben.
Klappt das alles, hält der Fuchs das Häschen für tot. Ein schlauer Fuchs frisst nichts, was er nicht selbst getötet hat, er sucht lieber andere Beute. Der Fuchs geht weiter und das Häschen hat dank der Schockstarre überlebt.
Nur wer überlebt, kann seine Gene weitergeben. So ist im Laufe der Evolution der Mechanismus der Schockstarre bei uns Menschen gelandet. Er ist der älteste Mechanismus. Erst später haben sich im Laufe der Evolution die Stressachse und noch später der beruhigende Mechanismus von Liebe und Mitgefühl entwickelt. So ist die Schockstarre die tief in uns verankerte „Muttersprache", auf die unser System immer dann zurückgreift, wenn alles andere uns nicht aus der bedrohlichen Situation herausrettet.

Wir brauchen den Schutz der Schockstarre nicht nur als Erwachsene in schlimmen Situationen, wir brauchen ihn vor allem, wenn wir (sehr) klein und jung sind.
Als Säuglinge und Kleinkinder haben wir mehrere Probleme. Wir können unsere Stresshormonausschüttung nicht selbst (herunter-)regulieren. Wir brauchen dafür einen sogenannten Co-Regulator (Charf 2018)[4].
Dieser Co-Regulator für das Herunterfahren unserer Stresshormone sollte am besten ein Elternteil sein. Es funktioniert auch mit anderen Menschen, die liebevoll reagieren. Es sollte auf alle Fälle eine Person sein, die unseren Stress als Baby oder Kleinkind erkennt und uns liebevoll berührt oder im Arm hält. Diese Person sollte ein offenes und ruhiges Herz haben, Vertrauen und Gelassenheit verströmen und uns voll in unserem Dilemma verstehen. Es sollte ein Mensch sein,

der mit einem freundlichen, liebevollen Blick auf uns schaut, mit ruhiger, warmer Stimme spricht und uns einfach in Liebe einhüllt.

Schon an dieser Auflistung ist leicht zu erkennen, dass dies nicht so oft der Fall ist, wie wir es als Säuglinge oder Kleinkinder benötigen würden.

Hinzu kommt ein weiteres Problem. Wir können als Säuglinge leider so wenig – sogar noch weniger als das kleine Häschen in meinem Beispiel. Wir können nicht fliehen, da wir uns ja nicht fortbewegen können. Von irgendwelchen Möglichkeiten zu kämpfen sind wir auch weit entfernt. Wir sind dieser Welt also hilflos ausgeliefert. Wir brauchen Erwachsene, die uns beschützen oder wegtragen können, denn sonst gehören wir der (Raub-)Katze. Deshalb erleben wir als Säugling Alleinsein als sehr bedrohlich und haben oft als Erwachsene noch große Probleme damit. Im Alleinsein vereinigen sich nämlich zwei elementare Probleme: Schutzlosigkeit in Bezug aufs Äußere und die beschwerliche Regulation der Stresshormone im Inneren. Wir sind der Welt schutzlos ausgeliefert und erleben schnell etwas als Gefahr. Dies versetzt uns sehr leicht in Stress, die Stresshormone können wir aber allein nicht regulieren. Wenn wir nicht von außen getötet würden, würden wir uns von innen töten, indem wir unser Herz durch die Stresshormone erst zum Rasen und dann zum Stillstand bringen würden.

Aber wir haben ja die Schockstarre. Die oben beschriebenen Mechanismen, um bestimmte Areale im Gehirn herunterzufahren, haben einen Einfluss auf unser vegetatives Nervensystem. Über dieses halten wir die Stresshormone auf einem überlebbaren Niveau.

So weit, so gut. Das allein ist noch nicht das Ausschlaggebende an der Geschichte der Menschheit. Um als kleine Menschen aus der Schockstarre herauszukommen, ist wieder ein sogenannter Co-Regulator, also eine liebevolle und mitfühlende Person notwendig. Wir brauchen jemanden, der uns aus dieser Schockstarre herausholt, denn von selbst können wir das als Säuglinge gar nicht und als Kleinkinder nur sehr schwer.

Gehen wir noch einmal zum kleinen Hasen zurück: Kommt ein Haselternteil zum Häschen, schleckt er den Nachkommen ab. Das holt das Häschen aus seiner Schockstarre heraus und erst einmal ist alles gut. Leider passiert das bei uns Menschenkindern aber nicht immer. Viele Eltern erkennen nicht, dass ihr Baby oder Kleinkind unter Schock steht. Wie sollen sie es auch erkennen, wenn es ihnen keiner beigebracht hat? Eine Schockstarre zu erkennen ist nicht so einfach, weil sie so ruhig verläuft. Ein schreiendes Baby erzeugt Aufmerksamkeit. Aber sind wir als Säuglinge erst einmal in die Schockstarre gefallen, schreien wir nicht mehr. Wir erzeugen keine Aufmerksamkeit, was gegenüber dem „Feind" ja auch Sinn der Sache ist. Für Eltern macht es das aber sehr schwierig. Wie sollen sie jetzt erkennen, dass ihr eigenes Kind in einem Schockzustand ist?

Es wird leider fast immer missgedeutet und so holt kaum einer das Baby aus der Schockstarre heraus. In der Regel passiert das nicht nur einmal, sondern öfters. Als kleine Kinder lernen wir dadurch, dass dies unser Überlebensmodus ist, und funktionieren weiter. Wir bleiben so in einer Form von angepasster, das heißt funktionierender Schockstarre.

Das Gemeine für uns Menschen ist diese Fehlinterpretation:

„Das Kind hat sich doch von selbst beruhigt. Also kann man es ruhig allein lassen, und wenn es schreit, macht das nichts, es beruhigt sich dann schon."
Kein Säugling oder Kleinkind beruhigt sich von selbst. Es fällt in eine Schockstarre nach der anderen und daraus entsteht dann ein Trauma. Aus diesem Trauma heraus funktionieren wir durchaus noch ganz gut. Wir sind brav und angepasst. Da die meisten Traumatisierungen erst im Jugend- oder frühen Erwachsenenalter wieder zutage treten, erkennt keiner, dass wir als Kinder traumatisiert durchs Leben gehen – und damit weit weg vom Himmel in uns sind.

Ein Trauma ist für sich genommen schon schlimm. Hinzu kommt aber noch, dass wir dadurch in der Lieblosigkeit stecken bleiben. Der Weg des Herzens ist im Schockzustand nur sehr schwer zu gehen. Immerhin schaffen es viele Menschen noch, Liebe für andere zu empfinden. Aber mit der Selbstliebe ist es dann schon deutlich schwieriger. Wir brauchen aber nicht nur Liebe für andere, wir brauchen auch die Selbstliebe, um unser inneres Himmelslicht leuchten zu lassen und um den Himmel für uns selbst und für andere zu verkörpern. Sind wir für die Selbstliebe nicht offen, können wir schlecht Liebe empfangen. Manche Eltern verzweifeln daran, dass ihr Kind ihnen vorwirft, dass sie es nicht lieben würden. Diese Kinder sind oft traumatisiert, schützen also ihr Herz und können die Liebe der Eltern nicht wahrnehmen. Manchmal bemühen Partner sich noch so sehr, dem Gegenüber Liebe zu geben, aber sie kommt nicht an. Zu verstehen, dass der Partner in einem akuten oder chronischen Schockzustand steckt, kann hier helfen. Für mich ist es traurig, dass dieser Zusammenhang auch im Glauben besteht. Wie viele andere Christen bekenne auch ich mich zu einem liebenden Gott, aber nicht immer gelingt es uns, diese Liebe wirklich zu spüren, geschweige denn zu geben und zu leben. Auch hier spielen unsere festgefahrenen, traumatisierten Fühl- und Denkmuster eine große Rolle. Da können wir den Glauben noch so sehr vor uns hertragen. Ein Herz, das geschützt wird und verstockt ist, hält sich eher an Dogmen und Intoleranz fest. Ein traumatisiertes Herz tut sich schwer, den Himmel in die Welt zu bringen.

Leider hat unser Gehirn gelernt, dass der beste Weg, durchs Leben zu gehen, der Weg der Trauma-Symptome ist. Dies kann sich sehr unterschiedlich äußern. Manch ein Mensch reagiert dadurch auf eine stressauslösende Situation viel zu oft mit Aggressionen, ein anderer mit (Handlungs-)Lähmungen und wieder ein anderer empfindet das ganze Leben als beängstigend. Die eine Person kann keine Ziele setzen und kommt im Leben nicht voran, eine andere bleibt sprachlos und stumm, wenn es um das Ausdrücken von Gefühlen geht, und wieder eine andere verdient Millionen und fühlt sich trotzdem wertlos.

Allen gemeinsam ist, dass sich niemand vorstellen kann, dass der Himmel in ihr oder ihm angelegt ist – vor allem dann nicht, wenn der Schmerz, den wir im Leben mit uns tragen, einfach zu groß erscheint. Dann haben wir unser Herz zum Schutz dicht machen müssen. Dass die Macht der Liebe größer als die Macht des Traumas und des Schmerzes ist, können wir dann kaum oder gar nicht glauben. Das ist traurig, denn es macht uns das Leben schwer.

Aber darin müssen wir nicht stecken bleiben, sondern wir

dürfen begreifen und lernen, dass die Liebe stärker ist als unser Schmerz oder unser Trauma.
Die Liebe ist die größte Macht, die es gibt.

2. Verantwortung, die glückselig macht

Überlege einmal, was Deine Eltern Dir beigebracht haben. Sie haben Dir vor allem beigebracht, wie Du in dieser Welt am besten funktionierst:
- Sei stark und zeige keine Schwächen, aber sei beziehungsfähig,
- sei fleißig, aber nicht erschöpft,
- sei angepasst, aber dabei selbstbewusst,
- verdiene genug Geld, aber sei oder werde eine gute Mutter oder ein guter Vater,
- mach eine gute Schulbildung und studiere am besten, sei aber gleichzeitig der geborene Handwerker oder die begnadete Köchin,
- sei erfolgreich im Beruf, aber habe ein glücklich machendes Privatleben,
- sei beliebt, hab aber ja nicht die falschen Freunde,
- hab die richtige Religion, Kultur, sexuelle Ausrichtung, aber sei ganz Du selbst.

Diese Auflistung zeigt, wie unmöglich das alles ist.
Unsere Eltern haben uns das beigebracht, weil ihre Eltern ihnen das beigebracht haben, und die haben es wiederum von ihren Eltern. So können wir Generation um Generation zurückgehen. Der Mensch musste herausfinden, wie er am besten in einer harten, bedrohlichen Welt überlebt. In der Ent-

wicklung der Menschheit ging es immer wieder um Kämpfe und Kriege um Nahrung, Territorium und Macht. So kam es zu permanenten und wiederholten Traumatisierungen, die uns evolutionsbiologisch und epigenetisch bis heute prägen. Sie sind uns völlig selbstverständlich und damit unbewusst in Fleisch und Blut übergegangen.

Unser Gehirn ist programmiert auf Überleben. Wir sind gut in der Lage, Gefahren zu erkennen, und versuchen, sie von vornherein zu vermeiden, indem wir „funktionieren". Wir lernen, wie wir uns in unserer Kultur, in der Gesellschaft, in der Familie oder in der Arbeit am besten verhalten, damit wir in keine (Lebens-)Gefahr geraten. Dies alles war und ist sicherlich auf eine Art sinnvoll. Aber es ist nicht sinnerfüllend und nicht zielführend. Wir haben dadurch leider übersehen, wer oder was wir wirklich sind.

Wir sind ein Fragment der Ewigkeit. Wenn wir aufhören, uns als die Opfer unseres Lebens und unseres Leides zu betrachten, und beginnen, die Antwort zu sein, wird sich etwas Tiefgreifendes verändern. Die Antwort war schon immer da, sie existiert hier und jetzt und bleibt in Ewigkeit dieselbe Antwort: Die Antwort ist Liebe. Was auch immer im Leben geschieht, wer auch immer wir sind, die einzige Möglichkeit, die uns die Ewigkeit erfahren lässt, ist die Liebe. Erfahren wir die Ewigkeit, leben wir den Himmel.

Die Liebe umfasst alles, was ist: unsere Freude und unser Glück genauso wie unser Leid und unsere Traumatisierungen. Alles ist gehalten in der Liebe. Und wir haben nichts weiter zu tun, als diese Liebe zu leben und zu sein. Damit sind wir die Antwort.

Wie das alles gehen soll, das wirst Du im Laufe des Buches noch erfahren. An bestimmten Stellen versuche ich es mit Dir praktisch einzuüben. An anderen Stellen kannst Du Dich einfach nur auf die Worte, die Du liest, einlassen. Da musst Du gar nichts tun, die Worte wirken für sich.

Wichtig ist aber nicht nur, dass wir Menschen lernen, wie es funktioniert, den Himmel zu leben. Wichtig ist, dass wir begreifen, dass es unsere Verantwortung ist, den Himmel zu verkörpern.

Ich bin im Laufe meines Lebens immer wieder auf Menschen gestoßen, die den Begriff Verantwortung nicht mögen. Sie sagen: „Verantwortung ist so schwer, zu nah mit dem Thema Schuld verwandt, klingt zu sehr nach etwas, das Spaß verbietet. Und überhaupt, warum solle man Verantwortung übernehmen? Erst mal sollen doch die anderen was tun."

Dies tut mir leid, denn diese Menschen haben Verantwortung als etwas Negatives, Belastendes oder sogar als etwas Missbrauchendes erfahren. Daher hätte ich gerne bei diesem Kapitel einen unbelasteten Begriff verwendet, aber ich finde keinen, der das wiedergibt, was mir hier wichtig ist.

Verantwortung ist tatsächlich nicht immer einfach, oftmals unbequem und kann sich wie eine übergroße Last anfühlen. Manchmal kann uns der Gedanke an Verantwortung sogar blockieren. Trotzdem kommen wir nicht an ihr vorbei. (Ausnahmen von dieser Verantwortung sind Kinder und schwer traumatisierte Menschen.)

Liebe und Mitgefühl können wie etwas Passives wirken, aber sie sind eine in Bewegung bringende Kraft. So sehr wir uns gerne als die Opfer unserer Lebensumstände erklären möchten, sind wir doch verantwortlich für das, was wir verkörpern. Dies beginnt damit, dass wir Verantwortung für unsere Gedanken und Gefühle übernehmen.

Hier muss ich gleich ein großes Missverständnis aus dem Weg räumen. Es heißt nicht, dass ich keine negativen Gedanken oder Gefühle haben darf. Es heißt nicht, dass ich immer nur Liebe empfinde und alles verurteile, was sich nach Nicht-Liebe anfühlt. Es heißt, dass ich verantwortlich bin für den Umgang mit meinen Gedanken und Gefühlen.

Gefühle wie Angst oder Wut sind eng mit Stressreaktionen verbunden und entstehen dadurch oft ohne eine bewusste Entscheidung. Gefühle sind die Folge von Schutzmechanismen, die unser Überleben sichern sollen. Mich für sogenannte negative Gefühle zu verurteilen, bringt niemandem etwas. Aber es bringt etwas, zu begreifen, dass ich all meinen Gedanken und Gefühlen ein liebevolles Zuhause geben kann. Dafür sind wir verantwortlich!

Ich erkläre immer wieder gerne, dass diese Verantwortung frei macht. Übernehme ich die Verantwortung für meine Gefühle, bin ich schon nicht mehr abhängig davon, dass es eine andere Person tut. Dies wiederum macht mich handlungsfähig. Verantwortung übernehmen heißt, dass ich nicht von meinen Gefühlen diktiert werde. Gleichzeitig können mich andere Menschen nicht mehr manipulieren, denen ich meine Gefühle „anvertraut" habe.

Viel zu oft haben wir unser Lebensglück von anderen Menschen abhängig gemacht. Wir haben Denk- und Fühlmuster entwickelt, wie „Bekomme ich Bestätigung, dann bin ich wer", „Liebt mich jemand, dann bin ich es wert", „Bin ich erfolgreich, dann achten mich andere und ich bin glücklich". In all diesen Mustern bin ich immer abhängig von anderen Menschen. Dies entsteht, wenn wir als Kinder nicht satt genug an Liebe, Mitgefühl und Geborgenheit werden. Wenn wir uns geliebt und gehalten fühlen, ermöglicht uns dies, unabhängig von der Bestätigung anderer zu werden. Leider erleben wir in der Menschheitsgeschichte viel zu oft, dass wir hungrig und unsicher bleiben. Diese Mangelzustände wollen wir ausgleichen. Daher machen wir uns abhängig von der Bestätigung und Liebe eines Gegenübers.

Hinzu kommt, dass uns nicht beigebracht wird, wie wir gut mit unseren Gefühlen und Stresszuständen umgehen können. Und dass wir dafür eine Verantwortung haben, wird auch viel zu selten vermittelt.

Die Verantwortung für den Umgang mit unseren Gefühlen zu übernehmen ist wichtig, weil aus unseren Gedanken und Gefühlen Taten folgen. Können wir liebevoll mit unseren Gedanken und Gefühlen umgehen, werden unsere Taten Frieden bringen. Sind wir im Kampf gegen unsere Gefühle und unseren Schmerz, dann bekämpfen wir meistens auch die vermeintlichen Verursacher unseres Schmerzes - der beste Nährboden für kleinere und größere Kriege.

Wir Menschen neigen dazu, jemanden oder etwas als „böse" zu deklarieren, wenn es Angst und Verunsicherung bei uns auslöst. Der nächste Schritt ist, das Beängstigende zu bekriegen. Dies machen wir zum Beispiel durch Dogmen, Hetze, Ausgrenzung, Mobbing und tatsächliche Kriege. Letztere sind an sich schon schlimm wegen ihrer Verluste an Leben, Freiheit und Frieden. Hinzu kommt aber noch, dass sie zu Traumatisierungen über Generationen hinweg führen. So viel

Leid existiert nur, weil manche „Machthaber" sich nicht ihren Gefühlen stellen konnten bzw. können. Aber verantwortlich will am Ende keiner gewesen sein.

So unbequem es auch sein mag, wir sind verantwortlich dafür, wie wir mit uns selbst, unserem Schmerz, unseren Gedanken und Gefühlen umgehen.

Natürlich verstehe ich, wenn mir jemand erklärt, dass sie oder er nie gelernt hat, liebevoll mit sich selbst umzugehen. Es nimmt uns aber nicht aus der Verantwortung heraus, es jetzt zu lernen.

Verantwortung und Liebe müssen dabei Hand in Hand gehen.

Wir haben zu oft das Problem, Liebe und Mitgefühl nicht gut zu lernen, weil wir durch chronische Schockstarren daran gehindert werden. So machen wir Menschen zu gerne immer wieder dieselben „Fehler". Unsere durch Traumata erstarrten Schleifen im Gehirn führen uns zu immer wiederkehrenden Handlungen und Taten. Uns zu verändern und verantwortlich mit uns und unserem Planeten umzugehen, erreichen wir daher nicht mit dem Willen allein. Es braucht die Liebe. Dies meine ich in einem ganz praktischen Sinne. Nur Zuwendung und Mitgefühl beeinflussen unser Gehirn so, dass wir aus unseren ewig gleichen Handlungsmustern herauskommen.

Es ist unsere Verantwortung, den Himmel zu leben. Es ist unsere Verantwortung, Liebe in die Welt zu bringen.

Dafür dürfen wir lernen, uns selbst und alles, was in uns ist, zu lieben. Wir dürfen lernen, der Freude und dem Schmerz, allen guten und schlechten Gefühlen mit Liebe zu begegnen. Daraus können wir Taten der Liebe und des Friedens wachsen lassen. Daraus können wir für Gerechtigkeit und die Würde all dessen, was ist, eintreten. Daraus bringen wir Heilung für uns und andere und werden zum Segen für diese Welt. Das und nichts Geringeres ist unsere Verantwortung.

Wer bereit ist, sich dieser Verantwortung zu stellen, wird glücklich! Es ist eine tiefe Erfüllung und eine Form von Befriedigung, die wir mit nichts vergleichen können. Kein Reichtum, kein Gefühl von Macht, keine Substanz kann uns dieses Gefühl geben, das wir haben, wenn wir den Himmel verkörpern. Sein wahres Selbst zu leben ist so wunderbar und macht absolut glücklich. Dafür die Verantwortung zu übernehmen, ist keine Last – es ist ein Privileg.

Die Verantwortung zu übernehmen, auf Dich, Deine Muster und Gefühle mit Liebe und Mitgefühl zu reagieren, macht Dich glücklich.

Du bist es wert, glücklich zu sein.

3. Das Problem der Entwicklungstraumata

Um besser zu verstehen, was uns Menschen bisher im Weg stand, den Himmel zu leben und damit glücklich zu werden, möchte ich die Entwicklung von uns Menschen und die damit verbundenen Entwicklungstraumata erklären.

Wenn unser Leben beginnt, sind wir zwei Dinge: zutiefst beeindruckbar und zutiefst verletzbar. Beeindruckbar heißt, dass alles, was wir erleben und an Informationen zu uns kommt, uns prägt. Versuchen wir erst einmal, das zu verstehen.

Unsere Materie, also alles, was wir Körper nennen, was wiederum die Grundlage unserer Psyche ist, entsteht aus Energie und Informationen. Wir haben die Fähigkeit, Informationen durch unseren Körper in Gefühle und Gedanken und dann in Handlungen zu übersetzen. Dies geschieht vor allem durch die chemisch-elektrische Informationsübertragung unserer Nervenbahnen und durch elektromagnetische Felder, die wir erzeugen. Erhalte ich zu Beginn meines Lebens die Information von Liebe, Geborgenheit und Sicherheit, Gesehenwerden und Wertschätzung, Frieden und von „Du bist wunderbar, wie Du bist; wie schön, dass Du da bist", dann habe ich gute, angenehme Gefühle voller Wertschätzung und Liebe, entspannte und friedvolle Gedanken, und meine Taten zeugen von Großzügigkeit, Mitgefühl und Güte. Allein bei dieser Aufzählung wirst Du höchstwahrscheinlich denken: „Wer hat das schon?" Aber es wird noch komplizierter (bevor es wieder einfacher wird). Ich kann durchaus all diese wunderbaren Informationen von Liebe und Wertschätzung abbekommen, trotzdem bleibt mir meine hohe Verletzbarkeit als Embryo, Säugling und Kind. Diese hohe Verletzbarkeit und das Ausgeliefertsein an die Umwelt führen wesentlich schneller und leichter zu Traumatisierungen, als uns lieb ist.

Früher wurde der Begriff Trauma hauptsächlich als das verstanden, was wir heute Schocktrauma nennen. Dazu zählen Auslöser wie Krieg, Gewalt, Naturkatastrophen, Unfälle, Missbrauch und Vergewaltigung. In den letzten Jahrzehnten wurde zusätzlich ein wichtiges Phänomen entdeckt: Es gibt Menschen, die Symptome von Traumatisierungen zeigen, zum Beispiel herabgesetzte Areale des Gehirns (im MRT sichtbar gemacht), die nicht solch harten Auslösern ausgesetzt waren. Bei diesen Menschen war etwas in ihrer Entwicklung beim Heranwachsen geschehen, das nicht offensichtlich

„schlimm" war, aber trotzdem traumatisiert hat. Dies wird als *Entwicklungstrauma* bezeichnet. (Es gibt auch die Bezeichnung *komplexes Trauma*. Ich bleibe der Einfachheit halber bei *Entwicklungstrauma*.) Es entsteht mit hoher Wahrscheinlichkeit dann ein Trauma, wenn ein Lebewesen sich in einer bedrohlichen Situation befindet, der es hilflos ausgeliefert ist. Wir Menschen sind, wenn wir auf die Welt kommen, so extrem hilflos und abhängig von den Menschen um uns herum, dass die Wahrscheinlichkeit, traumatisiert zu werden, höher ist als die, nicht traumatisiert zu werden.

Wir können als Neugeborene so gut wie nichts. Wir würden innerhalb kürzester Zeit verdursten bzw. verhungern, würde sich keiner um uns kümmern. Schon hierin liegt so viel Potenzial, dass wir als Babys in Todesangst geraten. Wie oft höre ich von Müttern, dass es Probleme beim Stillen gab und ihre Babys nicht richtig satt geworden sind. Erwachsene erzählen mir, dass sie wissen, dass sie im Vierstundentakt gestillt wurden, unabhängig von ihren Hungergefühlen, und sich nie erklären konnten, woher ihre Angst zu verhungern gekommen ist.

Leider gibt es viel mehr Möglichkeiten, als Baby zu sterben. Wir können erfrieren oder an einem Hitzschlag sterben, wenn keiner für einen guten Ausgleich durch Kleidung oder Sonnenschutz sorgen würde. Wir können auf so viele Arten sterben, wenn wir niemanden haben, der uns beschützt und versorgt. Diese hohe Verletzbarkeit treibt uns viel zu leicht in Stresszustände und prädestiniert uns dadurch für Schocks und Traumata.

Ein weiteres Problem ist unsere fehlende Ausdrucksmöglichkeit. Ein Baby kann nur weinen und schreien, wenn es unter Stress gerät. Woher sollen die Eltern gerade am Anfang wissen, aus welchem Grund ihr Baby weint? Für das Baby ist es überlebenswichtig, dass die Eltern wissen, was ihr Kind braucht. Ein Baby muss sich also verstanden fühlen. Wir haben dadurch eine Art Instinkt in uns, dass wir echtes Verständnis als etwas Beruhigendes empfinden. Viele Babys bekommen dieses beruhigende Verständnis nicht in dem Ausmaß, wie sie es bräuchten. Eltern müssen erst lernen, was ihr Kind braucht, wenn es weint. Eltern sind auch nur Menschen. Sie haben ihre eigenen Ängste und Nöte, stehen unter Stress, haben finanzielle Probleme, sind selbst traumatisiert, haben Depressionen oder Angststörungen, bringen ihr Kind in Diktaturen oder im Krieg zur Welt und, und, und.

Wir hier in Deutschland sind neben all diesen Problemen zusätzlich noch über Jahrzehnte von traumatisierenden „Erziehungsweisheiten" geprägt worden: „Ein Baby kann man schreien/weinen lassen. Es beruhigt sich schon von selbst." Wie schon erwähnt, beruhigt sich kein Baby von selbst, inzwischen wissen wir das. Ein Baby, das sich in seiner Not nicht wahrgenommen fühlt, muss in eine Schockstarre fallen. Es hat ja keine andere Möglichkeit als den Schockzustand, seine Stresshormone herunterzuregulieren. Passiert das öfter, entwickelt sich aus einer Schockstarre ein Trauma. Auch heute begegnen mir junge Eltern, die noch nach diesem falschen Denken ihre Kinder aufziehen, weil sie selbst so aufgewachsen sind. Dies ist kein Vorwurf an die Eltern. Wenn sie es nicht besser wissen, können sie nichts dafür.

Deswegen ist es mir hier so wichtig, in aller Klarheit zu sagen: Kein Baby beruhigt sich von selbst. Das Nervensystem eines Säuglings ist dazu noch gar nicht in der Lage. Babys sind ihren Stresshormonen gegenüber hilflos, und es gibt nur zwei Wege, wie ein Baby seine Stresshormone regulieren kann: Entweder bekommt es Nähe, Zuwendung und Verständnis, also Mitgefühl von anderen Menschen oder es muss sich innerlich in eine Schockstarre versetzen. Mit Beruhigen hat Letzteres nichts zu tun.

Um hier auch noch mit einem anderen Vorurteil aufzuräumen: Auf das Weinen/Schreien eines Säuglings mit Zuwendung zu reagieren hat nichts, absolut gar nichts mit Verwöhnen zu tun. Mitgefühl und Liebe, die von einem starken Herzfeld und einem aktiven Vagusnerv kommen, kann es gar nicht zu viel geben in dieser Welt. Einem Baby Liebe zu geben, wenn es unter Stress steht, macht es zu einem liebevollen, mitfühlenden, friedfertigen, resilienten und selbstbewussten Erwachsenen.

Aber leider müssen viele Babys erleben, dass ihre Nöte nicht verstanden werden und keine liebevolle Reaktion erfolgt. Die Eltern mögen ja wissen, dass das Baby deswegen nicht stirbt, aber ein Baby weiß das nicht. Ein Säugling fühlt sich (lebens-)bedroht, wenn es nicht entsprechend seinem Hunger gestillt wird, wenn es weinend in großer Hitze aushalten muss oder wenn es sich furchtbar allein fühlt und keine Reaktion darauf bekommt. Aus der Physiologie heraus hat der Säugling nur die Möglichkeit der Stressachse und der Schockstarre, um diese (gefühlte) Bedrohung zu überleben. Dabei kommt es zu der Ausprägung von Denk- und Fühlmustern, die uns unser Leben schwer machen.

Ich habe oben geschrieben, dass wir zu Beginn unseres Lebens beeindruckbar sind. Das heißt, dass die Erfahrungen unserer ersten Lebensjahre unser Nervensystem formen. Zu Beginn unseres Lebens ist unser Gehirn vergleichbar mit einem Computer, der mit Software gefüttert werden muss, um zu funktionieren. Unser Gehirn sammelt die unterschiedlichsten Informationen. Dies sind äußere Informationen wie Klänge und Geräusche, Farben und Formen, Gerüche usw. Auch innere, also körperliche Informationen werden gesammelt. Wodurch fühlt sich etwas gut an? Und was passiert, wenn wir immer mehr Stresshormone ausschütten? Dies zu erkennen und abzuspeichern, ist äußerst wichtig für uns. Aus diesen gesammelten Informationen werden Schlüsse gezogen, die es uns ermöglichen sollen, möglichst gefahrlos durchs Leben zu kommen. Wir entwerfen eine innere Landkarte fürs Leben, um möglichst lange zu leben und die Art zu erhalten.

Ich bin in meinen ersten fünf Lebensjahren mit Hunden, Schweinen und Hühnern aufgewachsen. Wenn ich heute eines dieser Tiere sehe, löst das positive Gefühle bei mir aus. Ich habe diese Tiere nicht mit Gefahr, sondern eher mit einem Gefühl von Zuhause abgespeichert. Meine Reaktionen auf diese Tiere tendieren zu Zuwendung, zum Beispiel, einen Hund streicheln zu wollen. Jemand anderes, der als Kind von einem Hund gebissen wurde, hat in der Regel mehr negative Gefühle, wenn er oder sie auf einen Hund trifft. Ein Hund wird vom Gehirn dieses Menschen mit Gefahr gleichgesetzt. Die darauf aufbauenden Reaktionen sind dann sicherlich eher eine Wegbewegung oder ein Distanzhalten als eine Form von Zuwendung. Das Gehirn dieser Person wurde also in Bezug auf das Thema Hunde anders geformt als mein Gehirn. Dies ist ein einfaches Beispiel im Vergleich zu anderen, viel komplexeren Erfahrungen, für die unser Nervensystem eine Überlebensstrategie entwickelt hat.

Ich möchte einen kleinen Einblick geben, warum wir gerade die erste Zeit in unserem Leben betrachten müssen, um zu verstehen, wie wir Menschen ticken.

Eine der prägendsten Erfahrungen unseres Lebens ist die Geburt. Leider wird bis heute viel zu sehr unterschätzt, wie die Erfahrungen unserer Geburt den Rest unseres Lebens prägen können. Die Geburt ist deswegen so bedeutsam, weil wir das erste Mal als heranwachsendes Lebewesen aktiv eine Herausforderung meistern müssen. Für diese Herausforderung schütten wir eine ganze Menge an Stresshormonen aus. Die Stresshormone helfen uns, aktiv an der Geburt mitzuarbeiten. Babys werden nicht einfach nur auf die Welt „gebracht", sie arbeiten während des gesamten Geburtsvorgangs mit. Da werden Muskeln im Nacken angespannt, um den Kopf durch den Geburtskanal der Mutter zu schieben. Bauchmuskeln werden kräftig aktiviert, um den Körper vorwärts drücken zu können. Becken-, Hüft- und Beinmuskeln müssen in die volle Kraft kommen, damit das Baby in der letzten Geburtsphase die Beine strecken und sich mit einer Wegstoßbewegung aus dem Innenbauch der Mutter noch ganz herausschieben kann. Der ganze Körper – noch einige Muskeln mehr als gerade beschrieben – braucht Kraft. Und was gibt uns Kraft? Die Stoffe, die wir als Stresshormone bezeichnen. Da das aber das erste Mal ist, dass wir als kleine Wesen so viel Adrenalin und Co. selbst produzieren, speichert unser Gehirn alles, was dabei abläuft, ganz genau ab. Die positive oder negative Wirkung, die wir durch die Stresshormone spüren, prägt uns für unser ganzes Leben.

Es ist wie das Aufspielen einer Software, die für den Rest unseres Lebens unseren Umgang mit Stresshormonen vorgibt. Die großen Mengen Adrenalin, Dopamin usw. machen im Gehirn des Neugeborenen einen Reifungsschub. Viele Nervenzellen werden angeregt und Verbindungen werden verknüpft. Ein derart hoher Anstieg von Stresshormonen geschieht später im Leben in sehr stressigen oder (lebens-)bedrohlichen Situationen. Das Gehirn fällt dann in den Umgang mit Stresshormonen zurück, der sich während der Geburt eingeprägt hat. Wir reagieren auf (vermeintliche) Gefahr oder Stress also so, wie wir es bei der Geburt gelernt haben, das heißt sehr unbewusst und instinkthaft.

Diese tiefen Prägungen haben Marcher/Fich in dem Buch *Body Encyclopedia* sehr gut beschrieben.[5]

Einige wichtige Aspekte möchte ich hier wiedergeben, da vielleicht auch Du Dich in dem einen oder anderen Reaktionsmuster wiedererkennen kannst.

Beginnen wir mit den Tagen vor der Geburt. Verlaufen sie gut, wird vom Kind erlebt, dass es die Zeit hat, die es braucht. Kommt es bei der Mutter zu Schwierigkeiten oder Stress in diesem Zeitraum, kann das Zeitempfinden schwierig werden. Wird zum Beispiel nicht abgewartet, bis die Geburt von selbst in Gang kommt, sondern wird sie aus unterschiedlichen Gründen künstlich angestoßen, entsteht eine Unstimmigkeit für das Kind (und oft auch für die Mutter). Das heißt, dass das Baby und damit auch die Person später im Leben das Gefühl hat, nie genug Zeit zu haben oder dass Zeit etwas ist, das man nicht kontrollieren kann. Ich stoße in meiner Arbeit und privat immer wieder auf Menschen, die kaum in der Lage sind, pünktlich zu einem Termin zu kommen. Diesen Menschen fehlt die Kontrolle über die Zeit. Zu verstehen, dass die Geburt dieser Menschen ein Grund dafür sein kann, dass sie sich mit Zeiteinteilung so schwertun, hat mir geholfen, mitfühlend und liebevoll darauf zu reagieren. Das heißt nicht, dass ich es einfach unter den Tisch fallen lasse, wenn jemand permanent deutlich unpünktlich ist. Aber inzwischen kann ich es anders ansprechen als früher, was es für diese Personen leichter macht. Ich spreche es deswegen an, weil ich oft erlebe, dass diese Menschen selbst darunter leiden oder von ihrer Umgebung Kritik und Abwertung erleben, weil sie nicht pünktlich sein können. Wenn die Betroffenen ein Verständnis dafür bekommen, woher es kommt und dass es nicht ihre Schuld ist, macht es dies leichter für sie. Sie haben dann die Möglichkeit, mitfühlend auf sich selbst zu reagieren, und können zu einem besseren Zeitmanagement gelangen.

Schauen wir das nächste Stadium an. Leider können schon im Stadium der ersten Wehen Komplikationen auftreten. In diesem Stadium zieht sich das Kind im Mutterleib zusammen. Entsteht hier eine Schockstarre durch übergroßen Stress, ziehen sich auch später im Leben Erwachsene noch in sich zusammen. Zum Beispiel verkriechen sich diese Personen bei Stress oder sie „überschlafen" die herausfordernde Situation. Wichtig ist, dass hier Schwierigkeiten entstehen können, neue Projekte zu starten. Da gibt es wunderbar ideenreiche Menschen, die ihre Ideen nicht in die Umsetzung bekommen, weil sie nicht starten bzw. es nicht handfest beginnen können. Andere wiederum haben bei jedem Neubeginn Blockaden. Das fängt beim Kindergarten an, geht über den Schuleintritt zum Ausbildungsbeginn, und jeder Berufswechsel wird zur großen Herausforderung. Selbst eine positive Veränderung wie die Eheschließung wird dann plötzlich zu einem großen Problem, und keiner versteht, warum das so ist. Auch körperliche Auswirkungen finden hier statt. Wenn in Stresszeiten immer wieder mit dem Zusammenziehen bestimmter Muskelgruppen reagiert wird, müssen wir uns nicht wundern, dass wir mit (schmerzhaften) Muskelverspannungen durchs Leben gehen. Die Physiotherapiepraxen sind voll, und es wäre interessant zu wissen, wie viele der dort behandelten Beschwerden auf Entwicklungs- und Geburtstraumata zurückgehen.

Auf das Stadium der ersten Wehen folgt ein Übergangsstadium zur zweiten Wehenphase. Hier wird die Gebärmutter unterschiedlich bewegt, was zu einer gewissen Konfusion und Unklarheit beim Kind führt. Geht hier alles gut, prägt sich im Nervensystem ein, dass Konfusion überwindbar ist. Kommt es stattdessen zu Komplikationen, wird Konfusion zu einem Lebensmuster, also zu einer wiederkehrenden Reaktion auf Stress. Manche Menschen werden „kopflos", das heißt, sie wissen einfach nicht, wie sie auf stressende Situationen reagieren sollen. Herausforderungen enden dann im Chaos, wodurch noch mehr Stress hervorgerufen werden kann. Diese kopflosen Handlungen stoßen nicht selten auf Kritik oder Abwertung. Das Leben wird dadurch eher als eine unsichere Angelegenheit erlebt und Geborgenheit ist dann, gerade unter Stress, schwer erfahrbar.

Im zweiten Wehenstadium drückt das Kind mit aller Kraft mit, während die Mutter presst. Verläuft dieses Stadium gut, haben Menschen das Gefühl, dass sie all ihre Kraft einsetzen können und das Recht haben, mit aller Kraft auf Herausforderungen zu reagieren. Kommt es zu Schwierigkeiten, kann sich beim Menschen abspeichern, dass der Einsatz der eigenen Kraft zu etwas Gefährlichem oder Schmerzhaftem führt. Also ist es vermeintlich besser, alles nur mit halber Kraft zu tun. Bei manchen Menschen entsteht hier ein Lebensmotto der Passivität, im Sinne von „Abwarten und vorbeigehen lassen". Leider wird dies im späteren Leben durch Erfahrungen von Hilflosigkeit, Ausgeliefertsein oder Ohnmacht noch bestätigt. Bei stressigen Herausforderungen, wie dem Schreiben einer Abschlussarbeit, gelingt es einfach nicht, sich zu motivieren. Das Bett, der Fernseher usw. haben die höchste Anziehungskraft und im Extremfall wird die Arbeit nie abgeliefert.

Im Stadium der Geburt wird beim Kind das erste Mal der Streckreflex von den Füßen bis zum Kopf aktiviert. Verläuft alles gut, macht sich das schöne Gefühl breit, dass das Baby eine Herausforderung mit eigener Kraft bewältigen konnte. Zukünftige Herausforderungen werden von diesen Menschen oft konstruktiv und mit Freude angegangen, weil sie (unbewusst) an ihren Erfolg glauben. Diese Erfahrung fehlt leider komplett bei Menschen, die durch Kaiserschnitt (Sectio) auf die Welt geholt werden mussten. Immer wieder erlebe ich in meiner Arbeit, dass diese Personen ein tiefes Gefühl von „Ich kann das nicht/ich schaffe das nicht" haben. Da Kaiserschnitte oft in Notsituationen vorgenommen werden müssen, sind die Mütter meist unter starkem Stress und in einer Schockstarre. Die hohe Ausschüttung von Stresshormonen der Mütter landet leider auch bei den Säuglingen. So ist es nicht verwunderlich, dass die heranwachsenden „Kaiserschnitt-Kinder" oft mit innerer Unruhe und/oder Ängsten zu kämpfen haben. Nicht nur bei Kaiserschnitt-Geburten werden die Säuglinge gleich nach der Geburt von den Müttern getrennt. Auch bei gut verlaufenden Geburten ist es häufig so, dass der Säugling zuerst untersucht und gesäubert wird. Dies ist unzweifelhaft wichtig. Dies sollte so kurz wie möglich dauern und am besten trotzdem im engen Kontakt zur Mutter. Jeder Verlust der Nähe zur Mutter, selbst für kurze Zeit, hinterlässt tiefe Prägungen, weil gerade diese Zeit des Ankommens in einer unsicheren Welt starke Entwicklungen in der Gehirnreifung beinhaltet. Es werden unzählige Verbindungen im Nervensystem hergestellt. Säuglinge, die von der Mutter nach einer natürlichen Geburt getrennt werden, können durchaus die Geburt als Erfolg verbuchen. Leider kann mit diesem Erfolgsgefühl das Denkmuster einhergehen, dass Erfolge einsam machen. Bei Personen, die durch Kaiserschnitt geholt wurden, entsteht oft eine längere Zeit der Trennung von der Mutter. Die Mutter steht nicht zur Verfügung, da der Schnitt genäht, Blutungen gestoppt oder andere Komplikationen behandelt werden müssen. Die längere Zeit der Trennung von Baby und Mutter in Kombination mit den fehlenden Erfolgsgefühlen kann zu unguten Prägungen führen. Das Gefühl von „Ich kann nichts" kombiniert sich dann noch mit „Und wenn das jemand entdeckt, stehe ich allein da". Dies macht einen starken Erfolgsdruck, der nie zu einer Beruhigung der Ängste führt.

Die ersten Minuten und Stunden nach der Geburt beinhalten tiefgreifende Prägungen in den Bereichen Kontakt/Bindung und im Gefühl von „Existenzberechtigung". Kommt es sofort nach der Geburt und in den darauffolgenden Tagen zu guten

Kontakten, wird der Boden für positive Prägungen bereitet. Gute Kontakte bedeuten liebevolle Blickkontakte, angenehme Atmosphäre beim Stillen, entspannte Körperkontakte und ein liebevolles Umsorgen bei Stress des Säuglings. Später im Leben schlägt sich dies unter anderem als die Fähigkeit nieder, Kontakte und Bindungen wie Freundschaften und Beziehungen einzugehen. Daneben kommt es zu dem sehr wichtigen Gefühl der Existenzberechtigung. Dies zeigt sich in unterschiedlichen Gefühlen: das Recht zu haben, auf der Welt zu sein, das Recht, gesehen zu werden, das Recht, einen Platz in der Familie, Gesellschaft usw. zu haben. Meistens ist diese positive Prägung den Menschen gar nicht bewusst, es ist eher als ein selbstverständliches Grundgefühl vorhanden.

Im Laufe meiner Arbeit habe ich erschreckt festgestellt, dass es bei vielen Menschen kein Gefühl von Existenzberechtigung gibt. Daran merken wir, wie hoch die Verletzbarkeit und Sensibilität in den ersten Lebensphasen ist. Bei Komplikationen durch zu wenige oder ungute Kontakte entsteht leider das ungute Grundgefühl der fehlenden Existenzberechtigung. Diese Menschen beschreiben oft, dass sie kein Recht auf etwas haben. Zum Beispiel empfinden sie kein Recht, auf der Welt zu sein oder ihren Platz einzunehmen. Manche haben Angst vor Strafen wie allein gelassen zu werden oder Liebesentzug, wenn sie sich dieses Recht zu nehmen wagen. Die Angst davor, allein gelassen zu werden, vor allem, wenn es stressig wird, zieht sich oft durchs ganze Leben. Auch unbewusste Grundgefühle von ungeliebt, nicht liebenswert, nicht wahrgenommen oder nicht gesehen prägen das Leben. Zusätzlich kann noch das generelle Gefühl, „falsch" zu sein, sich wie eine Wahrheit immer wieder im Leben wiederfinden.

Wahrscheinlich hast Du Dich in dem einen oder anderen Aspekt selbst erkannt. Ich hoffe, Du kannst Dich selbst dadurch etwas besser verstehen und Mitgefühl für Dich haben. Du kannst nichts für die Erfahrungen und Prägungen, die bei Deiner Geburt entstanden sind. Leider musst Du trotzdem mit den unguten und schmerzhaften Prägungen und Mustern leben. Dies ist hart und hat wahrlich Liebe verdient. Ich werde später noch einige Wege erläutern, wie wir auf schwierige Gefühle und Muster liebevoll reagieren können. Dies gilt auch für alle Aspekte eines Geburtstraumas. Vor allem die Arbeit mit dem *inneren Kind,* die ich beim Umgang mit Angst beschreibe, kann hier eine gute Unterstützung sein. Mache Dir aber jetzt schon bewusst, dass trotz Deines Geburtstraumas und aller schwierigen und unguten Gefühle, die Du zu Dir, zu anderen Menschen oder zum Leben hast, Du gewollt bist. Wenn es bisher noch keiner zu Dir gesagt hat, lass es Dir jetzt von mir sagen: *Wie gut, dass es Dich gibt.*
Aus tiefstem Herzen spreche ich Dir zu: *Du bist wunderbar, Du hast ein Recht zu existieren und zu leben, glücklich zu sein und den Himmel zu erfahren. Du bist geliebt!*

Ich möchte noch einige andere Aspekte aus meiner eigenen Berufserfahrung darlegen. Sicherlich ist davon nicht alles zu verallgemeinern. Mir geht es hier darum, ein Verständnis dafür zu wecken, wo bestimmte Symptomatiken herkommen können.
Leider erlebe ich viel zu oft, wie Menschen unter eigenen oder den Bewertungen anderer leiden. Bewertungen entstehen oft aus Unverständnis und mangelndem Mitgefühl. Menschen, die zum Beispiel unter Geburtstraumata leiden, die verhin-

dern, dass sie etwas anpacken oder durchziehen, werden leider als faul bezeichnet. Andere sind die „Sensibelchen", weil leider keiner in ihrem Umfeld weiß, dass sie seit ihrer schwierigen Geburt eine erhöhte Stresshormonausschüttung haben. Diese erhöhte Ausschüttung lässt sie feinfühlig und schnell auf die unterschiedlichsten kleineren und größeren Stressoren reagieren. Es ist schon schlimm genug, ein Geburtstrauma zu haben. Traurig ist es außerdem, dass Abwertungen und Unverständnis statt Mitgefühl und Verständnis das Leben mancher Menschen ausmachen. Daher lege ich das Thema Geburtstrauma hier so ausführlich dar. Ich möchte Verständnis für Dich selbst und andere Menschen wecken, sodass es etwas leichter wird, Dich selbst und andere zu lieben.

Ich bin auf Menschen gestoßen, die mit Übelkeit und Magenproblemen auf Stress reagieren und die erzählt haben, dass sie mit Magensonde nach der Geburt ernährt wurden. Wer im Geburtskanal festgesteckt ist oder bei dem oder der die Geburt sehr lange gedauert hat, kennt oft das unangenehme Gefühl oder die Angst, wenn er oder sie sich in engen Räumen befindet. Menschen, die die Nabelschnur um den Hals gewickelt hatten, reagieren in stressigen Situationen eher mit Atemnot oder engem/dickem Hals. War die Geburt lebensbedrohlich, stellt sich oft ein Katastrophendenken ein, wie „Wenn mir etwas nicht gelingt, ist alles aus". Menschen mit Geburtstraumata und/oder Kaiserschnittgeburten wirken oft nicht „geerdet", als wären sie nicht im Hier und Jetzt. Ihre Umgebung versteht dies in der Regel nicht und so werden sie in der Schule zum „Träumerle". Ich möchte nicht wissen, wie viele Diagnosen von kindlichen Störungen oder Erkrankungen wie ADHS oder ADS, Lerndefiziten oder Entwicklungsstörungen auf unerkannte Geburts- oder andere frühkindliche Entwicklungstraumata zurückgehen.

Sicherlich gibt es noch viel mehr Zusammenhänge. Hebammen, die schon länger arbeiten und einige ihrer zur Welt gebrachten Kinder aufwachsen sehen, könnten sicherlich noch von einigen Aspekten mehr erzählen.

Wichtig ist mir hier, das Verständnis zu wecken, wie stark prägend der Beginn unseres Lebens für den Rest unseres Lebens und für unsere Persönlichkeit ist.

Erwähnen möchte ich noch, dass natürlich auch Schwangerschaftskomplikationen eine große Rolle spielen. Erkrankungen oder Unfälle der Mutter während der Schwangerschaft haben ebenfalls auf das heranwachsende Kind „stressige" Auswirkungen. Auch Zeiten nach der Geburt im Kleinkind- oder Kindesalter, die zum Beispiel im Krankenhaus verbracht wurden oder in denen Elternteile weg waren, hinterlassen tiefe Spuren. Besonders einschneidend sind der Tod eines Elternteils oder von Großeltern bzw. anderen Menschen, die ein Kind mit aufgezogen haben. Dies ist zum Teil sogar so traumatisierend, dass es komplett verdrängt, das heißt abgespalten werden muss, sodass den betroffenen Menschen gar nicht bewusst ist, wie sehr sie davon geprägt sind.

Dies klingt jetzt natürlich alles sehr negativ und niederdrückend. Daher möchte ich noch eine andere Entdeckung erwähnen, die mir an mir selbst und in meiner Arbeit aufgefallen ist: Menschen mit Geburtstraumata sind oft auf eigene Art spirituell, manchmal auf religiöse Weise, aber nicht immer. Wenn Menschen schon bei der Geburt so etwas wie oder tatsächliche Nahtoderfahrungen machen, kommen sie mit etwas

Größerem in Kontakt. Auch diese Erfahrung prägt uns sehr. So kann trotz der Schwierigkeiten und Blockaden, die durch ein Geburtstrauma entstehen, auch ein großes Glück dabei sein. Die Gewissheit, dass es etwas Gutes und Größeres im Leben gibt, ist etwas Wunderbares. Es geht über Glauben hinaus, weil es eine grundlegende Erfahrung des Lebens ist. Dies sind die Menschen, die wissen, dass es im Leid und Schmerz auch immer eine Kraft oder Liebe gibt. Es sind die Menschen, die mir am schnellsten glauben können, dass der Himmel in uns angelegt ist. Ein wunderbares Beispiel ist die junge Poetin Annika Böhme. Sie wurde nicht nur 14 Wochen zu früh, sondern auch noch leblos geboren. Für ihr Geburtstrauma und ihre Gefühle hat sie eine poetische Sprache gefunden. So erzählt sie in ihrem Buch *Tränenmarmoriert* eine Geschichte in Form von Gedichten. Wer sich darauf einlassen kann, erfährt mit ihrem Buch etwas Heilsames.[6]

Wenn wir Menschen begreifen, dass wir schon ganz früh in unserem Leben Fühl- und Denkmuster entwickeln, die den Rest unseres Lebens prägen, können wir lernen, uns davon zu befreien. Wir müssen verstehen lernen, dass wir unser Leben immer wieder danach interpretieren, was wir in den ersten Lebensjahren erfahren haben. Zu gerne erklären mir manche Menschen, dass es doch keinen Sinn habe, immer wieder in der Vergangenheit und in der Kindheit zu wühlen. Um Wühlen geht es tatsächlich nicht. Es geht darum zu verstehen, wie wir zu dem Menschen geworden sind, der wir heute sind. Wenn wir einen Fehler in der Programmierung einer Computersoftware haben, ist es doch auch sinnvoll, nach dem Fehler zu suchen und ihn zu beheben. Um nichts anderes geht es, wenn wir anfangen, Entwicklungstraumata zu begreifen. Dann verstehen wir nämlich, warum es uns so schwerfällt, den Himmel zu leben. Dann können wir anfangen zu erkennen, dass der Himmel schon immer in uns angelegt war und dass ihn zu leben in unserer Verantwortung liegt.

Leben hat eine andere Bedeutung und einen anderen Sinn als eine beständige Wiederholung unserer Kindheitserfahrungen. Vor allem, wenn uns unsere Kindheit vermittelt hat, dass wir nicht liebenswert sind und keine Existenzberechtigung haben, ist es wichtig, dass wir begreifen, dass das so nicht stimmt. Wir sind es wert, die Liebe mit jeder Faser unseres Seins zu leben. Wir haben nicht nur die Berechtigung zu existieren – wir sind berufen, den Himmel existieren zu lassen. Es gilt immer wieder neu zu begreifen, dass die Schutzmechanismen unseres Körpers und unserer Psyche eben genau das sind und nicht mehr. Es sind Schutzmechanismen und keine Wahrheiten oder Tatsachenbeschreibungen über uns und unser Leben. Wenn ich die Scham gebraucht habe, um mich von einem Schmerz abzuspalten, den ich als Säugling nicht aushalten konnte, ist dies ein notwendiger Mechanismus. Wenn diese Schamgefühle in mir stecken bleiben und ich mich den Rest meines Lebens falsch, allein oder schuldig fühle, brauche ich Liebe und Mitgefühl, um dies aufzulösen. Scham- und Schuldgefühle, Lähmungen, Blockaden und Erstarrungen, Ängste und Wut sind notwendige Reaktionen, um zu überleben. Sie sind aber keine Wahrheit über uns, unsere Persönlichkeiten oder unser Leben.
Es ist an der Zeit, erwachsen zu werden und die vermeintli-

chen Wahrheiten unserer Traumatisierungen loszulassen. Wir sind nicht minderwertige Wesen, deren Leben in Angst, Wut, Schuld und Scham erstarrt sein soll. Wir sind Liebe und verkörpern den Himmel.

Das Schwierige an den Entwicklungstraumata ist, dass sie uns meist nicht bewusst sind. Erstens geschehen sie in einer Lebensphase, an die wir keine oder nur wenige Erinnerungen haben. Zweitens unterliegen sie dem Schutzmechanismus der Verdrängung. Mir erzählen immer wieder Menschen über schlimme Erfahrungen in ihrer Kindheit. Die meisten wissen anfangs gar nicht, welche dramatischen Auswirkungen dies in ihrem Leben hat. Hier kommt ein weiterer Mechanismus ins Spiel, der die tiefgreifenden Folgen unserer (frühkindlichen) Traumatisierungen schwer einordnen lässt, und dies liegt an der Entwicklung unseres Gehirns: Wir können trotz frühkindlicher Traumatisierungen durchaus eine glückliche Kindheit verbringen. In diesem Alter reflektiert unser Gehirn nämlich noch nicht über unsere Erfahrungen. Das heißt, als Kinder bewerten wir das, was wir erleben, noch nicht und ziehen noch keine Schlüsse über unsere Persönlichkeit daraus. Dies beginnt erst in der Pubertät. Vorher waren wir zum Beispiel ein schamhaftes, schüchternes Kind, ohne es auf uns als Person zurückzuführen. In der Pubertät fühlen wir uns aufgrund der Schamgefühle plötzlich permanent falsch, ungeliebt, nicht verstanden, minderwertig usw.

Dafür müssen wir verstehen, dass wir in der Pubertät noch mal einen großen Entwicklungsschub in unserem Gehirn machen. Lisa Miller und Teresa Barker beschreiben das in ihrem Buch *Die spirituelle Intelligenz unserer Kinder*.[7]

Im Jugendalter entwickelt sich der Frontallappen noch einmal stark und kommuniziert mit weiter hinten/unten liegenden Anteilen des Gehirns wie dem limbischen System. Das limbische System und andere Anteile unseres „emotionalen Gehirns" nehmen Erfahrungen auf und reagieren mit Gefühlen wie Angst oder Wut darauf. Dies geschieht eher instinktiv und in der Kindheit ohne eine Form von Reflexion. Der Frontallappen bestimmt die Wahrnehmung unserer Realität, er ist für das Reflektieren unserer Erfahrungen und Gefühle zuständig. Er verarbeitet unsere Erfahrungen im Sinne einer Orientierung fürs Leben und zum Setzen von Zielen. Registriert der Frontallappen zum Beispiel „Für gute Noten werde ich belohnt, für schlechte nicht", setzt er uns das Ziel, gute Noten zu schreiben. Dieser Bereich kommuniziert also beginnend mit dem Jugendalter vermehrt mit dem „emotionalen" Anteil unseres Gehirns, der viele gefühlsbetonte Erfahrungen im Laufe des Lebens aufgenommen und abgespeichert hat. So kann der Frontallappen auf einmal mit zum Beispiel 14 Jahren an eine gefühlsmäßige Abspeicherung von Angst und Alleinsein aus dem zweiten Lebensjahr herankommen. Der Frontallappen bekommt aber keine Fakten erklärt wie „Das war die Zeit, als ich mir das Bein gebrochen habe und einige Tage ohne Eltern im Krankenhaus lag". Das Faktengedächtnis war im zweiten Lebensjahr noch nicht fertig aufgebaut und so liefert uns unser Gehirn keine Fakten zu den plötzlich auftretenden Gefühlen. Auf einmal stürmen auf den Frontallappen Gefühle ein wie in unserem Beispiel eine Angst, allein gelassen zu werden, und gleichzeitig eine Wut auf die Eltern, die mich im Stich gelassen haben. Der Frontallappen kennt den Kontext der Gefühle, warum sie entstanden sind, nicht. Er baut auf diesen Gefühlen aber eine Art Orientierung auf, um Gefahren zu vermeiden. So entsteht also im Jugendalter gerne mal ein Verhalten, das rational nicht verstehbar ist. Auf das gerade beschriebene Beispiel bezogen kann das folgendermaßen ausschauen: „Den Eltern, mit denen ich bisher gut ausgekommen bin, gehe ich jetzt lieber aus dem Weg, weil ich irgendwie auf sie sauer bin. Aber Alleinsein ist auch nicht gut, also möglichst jede freie Minute mit Freunden verbringen, selbst wenn die mir nicht guttun. Ein paar stresslösende Substanzen sind für diese diffuse Angst in mir auch nicht schlecht."

So baut unser Gehirn zwischen Jugend- und jungem Erwachsenenalter eine Struktur von Denk- und Fühlmustern auf, basierend auf den kindlichen Erfahrungen. Diese Muster sollen uns eine Art Navigation durch unser Leben ermöglichen, damit wir gut und lange überleben können.

Manche Jugendliche haben das Glück, von liebevollen, mitfühlenden und verständnisvollen Menschen umgeben zu sein. Dann können diese plötzlich auftretenden „irrationalen" Verhaltensweisen und die überrollenden Emotionen der Jugendlichen gut begleitet werden. Die Struktur der vom Frontallappen gesteuerten Lebensorientierung tendiert dann eher zu positiven, mitfühlenden Verhaltensweisen. Leider müssen viel zu viele Jugendliche diese Zeiten ohne Verständnis und ohne Mitgefühl vonseiten der Eltern, Lehrer und anderer sie begleitender Erwachsenen durchstehen. Jugendliche erleben von Haus aus in dieser Zeit schwierige Phasen und haben häufig depressive Symptome bis hin zu handfesten Depressionen mit Suizidgedanken.[8]

In dieser Zeit muss das Gehirn lernen, aus früheren Erfahrungen eine Orientierungskarte für das restliche Leben zu skizzieren. Das ist eine riesige Herausforderung. Viele Erfahrungen und Empfindungen sind dabei unangenehm und schmerzhaft – kein Wunder, dass manche Jugendliche depressiv werden. Schlimm ist es, wenn sie dazu noch alleingelassen werden, auf Unverständnis und auf Ablehnung stoßen. Nicht nur, dass dann die Gefahr, zu Drogen zu greifen oder riskantes und selbstzerstörerisches Verhalten zu zeigen, steigt. Hinzu kommt auch noch, dass die Orientierung für die Zukunft dann eher negativ ausfallen wird. Wie soll ein Mensch da noch verstehen, dass er oder sie den Himmel in sich trägt?

Die Arbeit von Lisa Miller beinhaltet noch einen anderen Aspekt. Sie zeigt auf, wie wichtig Spiritualität für das Heranwachsen ist. Gelebte Spiritualität vermittelt Liebe und Mitgefühl. Dies führt zu einer dementsprechenden Orientierung im Leben.

Mir hat es geholfen zu verstehen, warum Entwicklungstraumata oft erst im Jugendalter sichtbar werden. Dadurch verkennen wir oft, dass frühkindliche Erfahrungen so prägend für unser Leben sind. Würden wir als Gesellschaft dies verstehen und die Notwendigkeit dieser Erkenntnisse ernst nehmen, würden wir ganz andere Prioritäten setzen.

Priorität hat, dass jeder Mensch von der Zeugung an über die Schwangerschaft, die Geburt, die Kindheit und das Jugendalter mit Liebe, Mitgefühl und Geborgenheit begleitet wird. So können wir uns zu den wunderbaren erwachsenen Menschen entwickeln, als die wir gedacht sind.

Wir müssen begreifen, dass ganz neue Denk- und Fühlmuster in den heranwachsenden, jungen Menschen entwickelt werden müssen: Muster voller Liebe und Mitgefühl für uns und

die gesamte Schöpfung. Wenn wir den Menschen, die noch viele Jahre auf dieser Erde leben werden, liebevolles und mitfühlendes Denken und Fühlen vermitteln können, werden sie eine gute Zukunft haben. Falls Du Kinder hast, möchtest Du ihnen nicht den Himmel auf Erden ermöglichen?
Es ist nicht so schwer (oder unmöglich), wie manche denken. Es ist möglich, weil die Welt so, wie sie ist, ein Produkt unserer Denk- und Fühlmuster ist. Diese Muster können wir ändern. Wir können sie zu Mustern der Liebe und des Friedens werden lassen, indem wir Liebe leben.
Die Herausforderungen unserer Welt mit Armut, Hunger, Kriegen und dem Klimawandel sind immens. Aber sie können angegangen und gelöst werden. Dafür müssen wir jetzt Liebe, Mitgefühl, Frieden, Wertschätzung allen Lebens und vor allem den Himmel leben. Die Generationen nach uns haben es verdient, eine lebens- und liebenswerte Zukunft zu bekommen. Beginnen müssen wir dafür jetzt schon. Die Zukunft wird nicht von selbst eine Verkörperung des Himmels. Aber sie wird es, weil wir sie dazu machen!
Wenn ich daran denke, dass das möglich ist, wird mir ganz schwindelig vor Glück.
Die Liebe zu leben und den Himmel zu verkörpern, ist unsere Verantwortung. Die Muster aus unseren (Entwicklungs-)Traumata erzählen uns jetzt vielleicht noch eine andere Geschichte. Aber wir werden das durchbrechen. Wir übernehmen die Verantwortung, weil es eine wunderbare Verantwortung ist.
Himmel, wir kommen!

4. Das scheinbare Paradoxe an der Liebe

Liebe ist in ihrer Wirkungsweise etwas Paradoxes für unseren Verstand. Liebe will nichts verändern, aber sie bewirkt mehr als irgendetwas anderes.

Die Schwierigkeit für uns ist, dass wir ein Problem immer lösen, das heißt etwas verändern wollen. Wir manifestieren es aber meist nur damit. Ein Problem ist biologisch ausgedrückt Stress, was unter anderem eine erhöhte Ausschüttung von Stresshormonen bedeutet. Stresshormone werden auch dann ausgeschüttet, wenn wir etwas „anders" haben wollen. Reagieren wir etwa auf einen Stressreiz mit Angst oder Wut, ist dies einfach eine biologische Reaktion. In unserer Denkweise bewerten wir Angst oder Wut in der Regel negativ und wollen sie verändern. Wir begegnen dadurch den Gefühlen, die durch Stresshormone ausgelöst wurden, mit noch mehr Stresshormonen. Je mehr Stresshormone wir ausschütten, desto weniger kreativ und desto angespannter werden wir. Von einer guten Lösung entfernen wir uns dadurch immer mehr. Mit der Häufung solcher Erfahrungen werden für uns Probleme und „problematische Gefühle" immer schwieriger und damit immer weniger aushaltbar. Dies gilt nicht nur für uns selbst, sondern auch für den Umgang mit anderen Personen. Wir reagieren auf den Stress anderer Menschen, also deren unangenehme Gefühle oder Zustände von Anspannung, oft mit einer gesteigerten Stresshormonausschüttung unsererseits. Dummerweise erhöhen wir dadurch auch immer wieder den Stress der anderen Person. Unsere unguten Reaktionen auf die Probleme und Gefühle anderer Menschen resultieren daraus, dass wir unseren eigenen Stresszuständen nicht mit Liebe begegnen können. Dies mündet meist darin, dass wir versuchen, das Problem einer anderen Person mit vermeintlich guten Ratschlägen oder gar mit Schuldzuweisung zu lösen. Ich denke, diese Reaktionen hast Du auch schon erlebt. Du hast zum Beispiel von Deinen Kopfschmerzen erzählt und bekommst gleich mitgeteilt, dass Du genug trinken solltest. Einfach ein bisschen Mitgefühl hätte Dir in diesem Moment mehr geholfen. Am schlimmsten finde ich es, wenn Menschen mit Traumatisierungen gut gemeinte „Weisheiten" um die Ohren (rat-) geschlagen bekommen. Immer wieder erzählen mir Missbrauchs- bzw. Vergewaltigungsopfer, dass ihnen gesagt wird, sie sollen verzeihen. Komischerweise kommt das in der Regel von Menschen, die keine Erfahrung mit sexualisierter Gewalt gemacht haben und damit nicht wissen, wie unfassbar schlimm solche Erfahrungen sind. Die Aufarbeitung eines Traumas aus sexualisierter Gewalt ist wirklich hart. Gefühle der Scham und Schuld paaren sich mit seelischem und körperlichem Schmerz, der nicht auszuhalten ist. Jeder Person, die das erlebt hat, gilt es mit Feingefühl und einem offenen Herzen beizustehen, aber Ratschläge sind hier nicht hilfreich. Vergeben und Verzeihen sind erst möglich, wenn wir unseren eigenen Schmerz liebevoll aushalten können. Das heißt unter Umständen, etwas Unaushaltbares auszuhalten. Dies ist möglich, aber es ist ein harter, schwerer Weg. Wenn jemand diesen Weg selbst noch nicht gehen musste, sollte er sich hüten, anderen einen Ratschlag zu geben. Menschen, die gerne Ratschläge geben, wollen sich selbst schützen. Sie halten den Schmerz ihres Gegenübers oder dessen ungute Gefühle nicht aus und versuchen, der anderen Person zu sagen „Du musst vergeben", damit sie selbst nicht mehr damit konfrontiert sein müssen. Das schon traumatisierte und leidende Gegenüber spürt durchaus (bewusst oder unbewusst), dass es hier nur eine schnelle Antwort bekommt, weil es nicht ausgehalten wird. Das verstärkt den Schmerz und die unguten Gefühle des Nichtverstandenwerdens und Ausgegrenztseins. So wird mit dem „weisen" Ratschlag des Vergebens vor allem die Stresshormonausschüttung gesteigert. Jede Person, die den Schmerz eines anderen Menschen nicht aushält, muss erst einmal bei sich selbst ansetzen und lernen, sich selbst Mitgefühl und Liebe für den eigenen Schmerz zu geben. Dann ist auch der Schmerz eines Gegenübers aushaltbar.

Was ein verletzter und traumatisierter Mensch braucht, ist die Ausschüttung von Glücks- und Wohlfühlhormonen, die Aktivierung des (ventralen) Vagusnervs und eine Stärkung des Herzfeldes. Also auf gut Deutsch: Liebe, Mitgefühl, Verständnis, Wertschätzung und fundierte, konstruktive Hilfe.

Die Liebe geht also nicht den Weg, das Problem lösen zu wollen. Echte Liebe ist *mit* dem Problem, mit dem unangenehmen Gefühl oder dem Schmerz. Sie ist da und lässt es da sein. Dadurch gibt die Liebe uns selbst und dem Gegenüber das Gefühl, so sein zu dürfen, wie wir sind. Die Liebe ist mit der stressauslösenden Problematik, aber sie versinkt nicht hilflos darin. Es ist eine Kraft in Liebe und Mitgefühl, die einen Schmerz halten kann. Dieses „Halten" ist nicht nur wohltuend für das Gegenüber, das den Schmerz in sich trägt. Wenn wir fähig sind, den Schmerz eines Gegenübers durch Mitgefühl und ein offenes Herz zu halten, gibt uns das ein Gefühl von Stärke und Wirksamkeit. Es hilft uns in unserer eigenen Hilflosigkeit, ohne dass wir krampfhaft eine Lösung anbieten müssen.

Das elektromagnetische Feld des Herzens wirkt umso beruhigender auf einen selbst und auf eine andere Person, je mehr Mitgefühl wir haben. Mitgefühl für uns selbst bringt Mitgefühl für die andere Person hervor.

Haben wir kein Mitgefühl für uns selbst, erzeugen wir Kälte oder Mitleid. Jetzt nicht verwirren lassen: Mitleid ist nicht hilfreich. Mitleid versinkt mit im Schmerz und lässt uns selbst hilflos zurück. Im Mitleiden wird der eigene Schmerz genauso wenig ausgehalten wie der Schmerz der anderen Person. Menschen, die ihr eigenes Mitleid nicht aushalten, reagieren oft mit Ratschlägen. Auch offensichtliche Ablehnung gegenüber dem Opfer ist eine Reaktion, die auf nicht aushaltbarem Mitleid basieren kann.

Mitgefühl ist ein warmes Verstehen des Schmerzes, ohne darin zu versinken. Mitgefühl zeigt dem Schmerz „Ich halte Dich aus", und das macht es mit einem freundlichen Blick, einem gelassenen und ruhigen Tonfall und einer offenen Körpersprache. Mitgefühl ist die Kraft des Herzens, die, egal wie weh es tut, niemanden allein lässt. Mitgefühl macht etwas Heilsames mit uns, ohne dass wir dabei versuchen, etwas zu lösen.

Dies geschieht, indem Liebe und Mitgefühl den Informationsfluss in unserem Nervensystem und damit in unserem Körper verändern.

So wird durch Liebe oder Mitgefühl die Ausschüttung von Adrenalin und Cortisol – zwei unserer wichtigsten Stresshormone – gesenkt.[9]

Wir fühlen uns dadurch körperlich und mental weniger gestresst, ängstlich oder gereizt. Ein Teil unseres Nervensystems, der ventrale Vagus, ist aktiv, wenn wir Liebe und Mitgefühl verspüren. Der ventrale Vagus ist verbunden mit fünf Nervensträngen des Gesichts- und Kopfbereichs. Unsere Augen und Ohren können dadurch Liebe aussenden, sehen und hören. Unsere Stimme wird entspannt und liebevoll. Kopf und Herz kommen so in Einklang.[10] All diese Aspekte geben uns selbst und den Lebewesen um uns herum ein Gefühl von Verbundenheit und Sicherheit. Dies fördert die Ausschüttung von Glückshormonen wie Oxytocin.

Auch die Forschung aus dem Bereich der Herzintelligenz® (Heart Math Institute) zeigt faszinierende Zusammenhänge zwischen Liebe, Mitgefühl, Dankbarkeit, Wertschätzung und unserem Körper und der Gesundheit. Das elektromagnetische Feld des Herzens ist das größte elektromagnetische Feld des Körpers. Es ist dann am stärksten bzw. am größten, wenn wir Mitgefühl empfinden.[11]

Die positiven körperlichen Auswirkungen sind ein gesunder Rhythmus unserer Herztätigkeit (die sogenannte Herzfrequenzvariabilität) und ein Einklang verschiedener Rhythmen und Frequenzen. Letzteres zeigt sich darin, dass das Gehirn in einen entspannten Zustand versetzt wird (im EEG messbar), der in seiner physikalischen Frequenz (sogenannte Alphawellen) der Frequenz des Herzfeldes angeglichen wird. In diesem Zustand ist unser Gehirn entspannt und gleichzeitig voll da. Wir können dann eher gelassen, kreativ und offen für Neues sein. Der Blutdruck wird auf ein entspanntes Niveau gebracht, was für Herz, Gehirn, Nieren und andere Organe eine längere Lebenszeit bedeutet.

Mitgefühl und Liebe sind also wohltuend für unsere Stimmung, unsere Gesundheit und das Miteinander mit anderen Menschen (und auch Tieren). Mitgefühl öffnet den Himmel. Aber Mitgefühl ist nichts für Feiglinge. Mitgefühl braucht Mut. Zum einen, weil wir uns dabei dem Schmerz komplett stellen, statt ihn zu bekämpfen oder davor wegzulaufen. Zum anderen, weil wir unser Herz dabei öffnen, uns also schutzlos machen. Dafür braucht es Stärke und Mut!
So viele Menschen fragen: Wo ist Gott bei all dem Leid? Im Mitgefühl![12]
Im Herzen jeder Person, die bereit ist, mitfühlend auf Leid zu reagieren. Ich wiederhole es noch einmal: In Liebe und Mitgefühl ist Gott, da ist der Himmel. Ich muss dies wiederholen, weil es ein Perspektivenwechsel ist (auf den ich später noch in Abschnitt III, *Andere Perspektiven, 3. Die Liebe zum Leid,* genauer eingehe). Menschen, die auf ein bestimmtes Leid nicht mitfühlend reagieren können, stellen gerne diese oder ähnliche Fragen. Ich schreibe hier bewusst „nicht mitfühlend reagieren können", da wir Menschen manchmal selbst zu traumatisiert sind, um mitfühlen zu können, oder wir haben es einfach nicht gelernt. Ich kenne das auch. Es war auch für mich ein Weg des Lernens, mit Mitgefühl zu reagieren. Ich lerne auch heute noch. Manchmal möchte ich auch vor dem Leid wegrennen und mich davor verkriechen. Manchmal möchte ich es wütend von mir weggestoßen oder einen Schuldigen für das Leid finden. Wenn ich mein Herz dann doch für das Leid öffnen kann, geschieht eine wunderbare Veränderung. Dann werde ich offen und weich, freundlich und entspannt. Dann spüre ich Gottes Präsenz und dann spüre ich den Himmel in mir.

Statt zu fragen „Wo ist Gott bei all dem Leid?" ist für mich die wirklich wichtige Frage: „Warum reagieren wir Menschen nicht mit Liebe auf Leid?"

Es ist der Perspektivenwechsel vom Verstand zum Herzen hin, der den Weg in den Himmel öffnet. Der Verstand dient dem Überleben. Gut so. Hätten wir keine Instanz, die unser Überleben sichert, wäre es schwer, den Himmel zu verkörpern. Unser Leben dient dem Himmel, und indem der Verstand uns hilft, am Leben zu bleiben, hilft er, den Himmel zu verkörpern.

Den Himmel verkörpern wir über die Liebe. Am wichtigsten dafür ist unser Herz als Organ und Sitz der Liebe. Somit sollte der Verstand dem Herzen dienen. Leider ist es zu oft andersherum: Wir opfern unser Herz dem Überleben und aus den Überlebensmechanismen machen wir die „Wahrheit" über unser Leben. Die Überlebensmechanismen diktieren unser Leben: Jedes Problem muss gelöst werden! Das geschieht in der Regel mit Stresshormonen. „Schmerz und Leid sind Dinge, die bekämpft werden müssen, weil sie unser Überleben bedrohen", so erzählen es uns die biologischen Anteile unseres Überlebensinstinktes immer und immer wieder.

Hier entsteht eine seltsame Verdrehung zwischen Leben und Überleben. So wie wir das Herz dem Verstand unterordnen, ordnen wir auch das Leben dem Überleben unter. Wir sind so getrieben von unseren Überlebensmustern, dass wir die wahre Essenz des Lebens in den Hintergrund drängen. Statt die Liebe in den Mittelpunkt unseres Daseins zu stellen, ist es die Gier nach Macht und Geld, die unsere Welt dominiert. Macht und Geld stellen eine Art „Überlebensversicherung" dar. Dadurch erzeugen wir wieder ständig Schmerz und Leid. Wir Menschen halten es nicht aus, dass wir sterblich sind. Dabei gehen wir im Tod in etwas Besseres und Größeres ein. Weil viele Menschen dies nicht wissen, fühlen sie sich dem Tod ohnmächtig ausgeliefert und bekämpfen dies, wo es nur geht. Die Gier nach Macht (= das Nichtaushalten der eigenen Ohnmacht) lässt Menschen Kriege beginnen und damit unsägliches Leid über ganze Völker bringen. Unser Streben nach Geld und Konsum geht auf Kosten vieler Menschen, die in Armut, Hunger, Versklavung und Kinderarbeit festgehalten werden. Die Zerstörung der Natur und damit unseres Planeten ist ein enormes Problem, das vor allem von uns Menschen gemacht wird – und das alles nur, weil wir vor Schmerz, Leid und Tod davonlaufen, statt uns ihnen liebevoll zuzuwenden. Irgendwie wissen wir, dass das so nicht gut funktioniert. Da wir gefangen sind in unseren Gefühls- und Denkmustern, fällt es uns sehr schwer, uns zu verändern. Der Wille allein reicht da nicht. Es ist die Hinwendung zur Liebe, die uns aus unseren Mustern, aus unserer Gier nach Macht und Geld heraushelfen wird. Denn die Kraft des Herzens ist die Kraft, die uns aus unseren (traumatischen) Überlebensmustern befreit. Vertrauen wir der Kraft des Herzens, stellen wir die Liebe in den Mittelpunkt und damit stellen wir das Leben über das Überleben. Denn nur ein Leben, das auf unserer eigentlichen Wahrheit basiert, ist ein wirklich lebenswertes Leben für alle Geschöpfe dieser Welt.

Schauen wir uns doch mal an, was die wirkliche Wahrheit über uns und das Leben ist.
Wir sind geschaffen aus Liebe, treten in das Leben ein, und

wenn wir es verlassen, also sterben, gehen wir wieder in die Liebe ein, was wir als Himmel bezeichnen.

Im Zustand der Liebe sind wir absolut präsent. Dann sind wir in allem, was ist – in unseren Körperzellen, in unseren Gefühlen, und dann sind wir auch in unserem Schmerz. Und da beginnt das Problem. Körperlicher oder seelischer Schmerz ist deswegen so schmerzhaft, weil es ein überlebenswichtiges Signal ist. Schmerz sagt uns: Mein Leben ist in Gefahr. Ohne die Empfindung von Schmerz können wir nicht überleben. Wir würden nicht registrieren, dass wir verletzt sind oder uns verbrennen.

Schmerz als Signal hat also eine enorme Bedeutung und ist von daher nichts Schlechtes oder Böses. Vom Körper her ist es völlig richtig, die Hand von der heißen Herdplatte zu nehmen, wenn der beginnende Schmerz uns dazu auffordert.

Leider ziehen wir uns auch seelisch vom Schmerz zurück. Dies sagt uns unser Überlebensinstinkt, denn im Gehirn wird psychischer Schmerz in denselben Bereichen verarbeitet wie körperlicher Schmerz. Seelischer und psychischer Schmerz kann nicht heilen, wenn wir uns von ihm zurückziehen. Dieser Schmerz braucht Liebe, um heilen zu können. Liebe bedeutet Zuwendung und nicht Wegwendung.

Das macht es für unseren Verstand so paradox. Der Verstand und Überlebensinstinkt will weg vom psychischen Schmerz und erhält ihn dadurch aufrecht, weil der Schmerz nicht heilen kann. Heilen kann der Schmerz über die Liebe, aber die geht gegen jede Vernunft, das heißt gegen unseren Überlebensinstinkt.

Wir ziehen uns vom Schmerz weg, wir wenden uns ab von ihm, wir werden weniger präsent und verlieren dadurch an

Liebe. Wenn wir etwas erleben, was sich als nicht aushaltbar anfühlt, müssen wir unser Herz vor den vielen Stresshormonen schützen. Wenn wir etwas erleben, was uns in unserem Dasein bedroht, versuchen wir, uns unsichtbar zu machen, damit der „Feind" uns nicht töten kann. Auch hierbei gelangen wir wieder zum Herzen. Das Herz ist das Organ, das am stärksten unsere Präsenz ausmacht. Sind wir präsent, sind wir wahrnehmbar – nicht nur für unsere Freunde, sondern auch für unsere Feinde. Unser Herz erzeugt das stärkste elektromagnetische Feld in unserem Körper. Wenn wir uns vor einer Bedrohung unsichtbar machen wollen, müssen wir unser Herzfeld abschwächen. Damit verlieren wir mehr oder weniger die Fähigkeit zu lieben. Das lässt uns erst einmal überleben. Aber als Dauereinstellung zum Leben macht das Herunterfahren unseres Herzfeldes und das Dichtmachen des Herzens als Sitz der Liebe alles nur noch schlimmer. Wir brauchen die Liebe und ein starkes elektromagnetisches Feld des Herzens, um sowohl körperlich als auch seelisch zu heilen.

Wie das mit der Liebe bei der Heilung der Psyche funktioniert, werde ich in diesem Buch noch genauer erläutern. Ich erhebe keinen Anspruch darauf, dass es die einzigen Wege sind, die funktionieren. Es gibt inzwischen viele wunderbare Bücher, Blogs, Podcasts oder andere Zugänge über die digitalen Medien. Die Wege, die ich hier beschreibe, sind solche, mit denen ich gute Erfahrungen gemacht habe, sowohl in meinen eigenen Prozessen als auch in meiner Arbeit als Psychologin. Ich werde diese Wege anhand verschiedener Themen bzw. Gefühlszustände erklären.

Davor ist eine Sache wichtig zu wissen:
Beginnen müssen wir immer bei uns selbst! Auch wenn wir meinen, das Problem kommt von außen, müssen wir immer bei unseren inneren Reaktionen beginnen. Zu den inneren Reaktionen gehören körperliche Reaktionen, Gefühle, Gedanken und innere Zustände, für die es manchmal nur schwer eine Bezeichnung gibt.

Beginnen müssen wir bei uns, weil nur wir uns ändern können. Wenn wir uns zur Liebe hin ändern und entwickeln, verändern wir gleichzeitig die Welt. Versuchen wir hingegen, das Außen oder die anderen Menschen zu ändern, erreichen wir gar nichts. In der Regel manifestieren wir das Problem nur noch mehr.

Beginnen müssen und dürfen wir also immer bei uns selbst und unseren inneren Reaktionen.

Die grundsätzliche Haltung gegenüber jeder inneren Reaktion ist: Es darf da sein.

Das ist die große Fähigkeit von Liebe und Mitgefühl. Die Liebe kann alles dalassen. Liebe und Mitgefühl lassen uns spüren, dass wir mehr sind als unsere innere Reaktion, zum Beispiel Angst.

Ich kann das in meiner Arbeit oft beobachten: Ist jemand in einem Gefühl verhaftet, ist die Person voll in der Angst, Wut oder Hilflosigkeit.

Geht die Person ins Mitgefühl für ihren Zustand, wird sie größer als das Gefühl. Das wird richtig spürbar, als würde die Person mir gegenüber wachsen.

Liebe und Mitgefühl zeigen uns, dass wir so viel mehr sind als unsere Ängste und Erstarrungen oder unser Hass und unsere Selbstablehnung. Dadurch, dass wir dann „größer und mehr"

werden, fühlen wir uns automatisch nicht mehr so hilflos.
Stell Dir den Unterschied folgendermaßen vor: Sind wir in einem Gefühl, dann sind wir wie ein Kind, das vollkommen in diesem Gefühl feststeckt: klein, hilflos, ängstlich. Sind wir im Mitgefühl, dann sind wir wie eine erwachsene Person, die das ängstliche, hilflose Kind im Arm hält. Im Mitgefühl wissen wir um die Not des Kindes, aber wir strahlen Liebe und Sicherheit aus. Echtes Mitgefühl ist ein tiefes, warmes Verständnis für den Schmerz, gepaart mit der Sicherheit *Alles ist gut.* Wir können (mit der Zeit) spüren, wie sich das Kind beruhigt. Das bewirkt einen doppelten Effekt. So wie sich das Kind entspannt, entspannen auch wir uns, was von Haus aus gut ist. Wir bemerken zusätzlich, dass wir etwas bewirken können, und das ist sehr wichtig. Manchen äußeren Umständen mögen wir ausgeliefert sein, aber nicht unseren inneren Reaktionen und Zuständen. Wir haben eine wirksame Kraft in uns – dass wir die Wirksamkeit dieser Kraft spüren, ist extrem wichtig. Als Babys und Kleinkinder sind wir den unangenehmen inneren Zuständen erst einmal ausgeliefert und wissen nichts von der Kraft der Liebe in uns. Wir sind darauf angewiesen, die Liebe und damit die beruhigende, heilsame Kraft des Herzens von anderen Menschen zu bekommen. Bekommen wir Liebe und Mitgefühl und erfahren, dass wir in unseren Problemen verstanden werden, entspannen wir uns und die unangenehmen Zustände und Gefühle verlieren an Bedrohlichkeit. Andere Menschen zeigen uns dadurch, dass die unangenehme Reaktion in uns da sein kann und wir trotzdem damit umgehen können. Dann gewinnen auch wir zu uns selbst und zum Leben hin die entspannende Haltung: *Was in mir ist, darf da sein, denn ich komme damit zurecht.*

Beginnen wir bei uns selbst und wenden uns unseren inneren Reaktionen in Liebe zu, öffnen wir die Tür zu Heilung und Frieden.

Aber nicht nur dafür brauchen wir in jungen Jahren die Liebe anderer. Es gibt noch einen zweiten Effekt, der durch Liebe ausgelöst wird: Unsere DNA richtet sich durch Liebe danach aus, unsere Bestimmung zu leben. Wir entfalten uns dann so, wie wir im Sinne der Schöpfung gedacht sind. Liebe aktiviert den wahren inneren Kern unserer DNA.

Wenn Du einen Blumensamen in gute Erde setzt und regelmäßig gießt, wird der Samen durchaus aufgehen und mit der Zeit werden der Stängel und die Blätter heranwachsen. Gibst Du der Blume zu wenig Licht, wird sie nicht blühen. So ist es mit vielen Menschen – sie überleben, aber sie können nicht blühen. Sie können ihr wahres Potenzial nicht entfalten, weil sie zu wenig Licht im Sinne von Liebe bekommen haben. Bei manchen Menschen war genug Liebe vorhanden, aber ein kalter Sturm, das heißt, ein Trauma ist über sie hinweggefegt und hat ihnen die Möglichkeit zu blühen genommen.

Unsere DNA braucht Liebe.

Durch die Epigenetik wissen wir inzwischen, dass Erfahrungen Gene an- oder abschalten können. Das elektromagnetische Feld des Herzens, die Hormone und Neurotransmitter, die wir ausschütten, wenn wir Liebe erfahren, stimulieren unsere DNA, die „guten" Gene anzuschalten. Dies wirkt sich positiv auf unsere Gesundheit und auf unsere psychische Widerstandskraft, die Resilienz, aus. Aber der Effekt von erfahrener Liebe gerade in den sensiblen Zeiten der Entfaltung unserer DNA (Schwangerschaft, erste Lebensjahre) geht noch

darüber hinaus. Unsere DNA kommt durch Liebe ins Leuchten. Es ist tatsächlich so ähnlich, wie wir das in diversen Comics oder Filmen sehen können. Liebe aktiviert in uns unsere „Superhelden-Gene". Sie setzt unsere „Superkraft" frei: den Himmel zu verkörpern.
Die DNA übersetzt Energie in Materie. In ihr und durch sie findet das statt, was wir als Gottes Schöpferkraft bezeichnen. Ihre Aufgabe ist es also, die ultimative Liebe in Materie umzuwandeln, um so den Himmel auf die Erde zu bringen. Immer wenn wir Liebe, Mitgefühl, Wertschätzung, Dankbarkeit – also Herzensqualitäten – empfinden, strahlt unsere DNA. Dann ist sie richtig glücklich und diese Glücksgefühle können wir manifestieren.
Als kleine Kinder brauchen wir dafür die Liebe anderer. Als Erwachsene können wir das selbst. Wir müssen das zwar oft erst wieder lernen oder überhaupt erst mal erkennen, dass wir es können. Das Wichtige ist: Wir können es.
Wir bringen den Himmel auf die Erde, weil der Himmel schon in unserer DNA angelegt ist.

In noch einer Hinsicht erlebt unser Verstand etwas Paradoxes: Der Verstand meint, dass wir im Himmel sind, wenn alles um uns herum gut ist. Die Liebe sieht das völlig anders. Die Liebe weiß, dass sie der Himmel ist, der auf alles, egal ob gut oder schlecht, liebevoll reagiert.
Den Unterschied zu begreifen zwischen dem Denkfehler „Ich bin im Himmel, wenn alles um mich herum gut ist" und unserer wahren Bestimmung „Ich bin der Himmel, unabhängig davon, ob es um mich herum gut ist oder nicht" ist von allergrößter Bedeutung!

Es ist wie die Frage, wo Gott bei all dem Leid ist, statt zu fragen, wo wir mit unserer Liebe bei dem Leid dieser Welt sind. Es liegt in uns, den Himmel zu leben. Es liegt an unserer Reaktion, an unserer Haltung uns selbst und anderen gegenüber, ob wir den Himmel verkörpern. Wir bringen den Himmel, indem wir mit Liebe auf etwas reagieren. Und selbst wenn wir nicht mit Liebe reagieren können, ist auch das gehalten von der Liebe, die um uns herum, aber auch tief in uns angelegt ist. Die Liebe hält alles, Gutes wie Schlechtes, in ihren himmlischen Armen.

Wenn wir nur darauf warten, in den Himmel zu kommen, warten wir ein ganzes Leben lang.

Wenn wir stattdessen bereit sind, den Himmel zu leben, unabhängig davon, was um uns herum geschieht, erfahren wir schon jetzt im Leben den Himmel. Damit tun wir nicht nur uns selbst, sondern der ganzen Welt etwas Gutes. Es lohnt sich immer, sich für Liebe zu entscheiden, egal wie aussichtslos es um uns herum ist. Am Ende unseres Lebens gehen wir sowieso in die Liebe, das heißt in den Himmel ein. Wenn es am Ende unseres Lebens eh auf den Himmel hinausläuft, können wir den Himmel auch schon jetzt leben. Wozu noch warten?!

Und noch eine scheinbare Paradoxie, die der Mensch zu gerne als Denkfehler macht, ist hier zu erwähnen: Liebe zu leben und der Himmel zu sein, hat nichts – rein gar nichts – damit zu tun, perfekt sein zu müssen. Der Trieb, perfekt sein zu müssen, ist ein weiterer Überlebensmechanismus. Er hat nichts mit einem erfüllten Leben zu tun. So viele Menschen glauben, der Himmel, die Kraft der Liebe, Wertschätzung und

Mitgefühl haben etwas damit zu tun, es sich verdienen zu müssen, indem man perfekt ist. Den Himmel zu leben heißt, Liebe in alles hineinzubringen, was ist. Das heißt, das zu lieben, was uns am wenigsten liebenswert zu sein scheint: uns selbst in unserer ganzen Nicht-Perfektion.

Lieben wird oft verwechselt mit etwas gut finden, etwas mögen. Gerade dem, was ich nicht gut finde oder nicht mag, mit Liebe zu begegnen, ist das eigentlich Wichtige. Wenn uns etwas unter Stress setzt, das heißt, wenn der Stresshormonlevel in unserem Körper sich für uns unangenehm anfühlt, werten wir es ab. Dies hat im Überlebensmodus die Funktion, uns zu sagen: Lass die Finger davon. Als der Mensch im Laufe der Evolution zum Beispiel herausfinden musste, welche Pflanzen essbar sind, war das von existenzieller Bedeutung. Bewertungen dienen uns, denn sie sollen uns zeigen, was gefährlich für uns sein kann, zum Beispiel die Tollkirsche.

Leider hat sich daraus ein Modus entwickelt, der weit weg ist von Liebe, denn inzwischen dienen wir den Bewertungen. Wir bewerten alles, nicht nur die überlebensnotwendigen Dinge. Inzwischen haben wir sogar eine Maschinerie geschaffen, in der wir von Bewertungen, „Likes", Daumen hoch und Followern abhängig geworden sind. Und selbst das wird noch über Kommentare bewertet, auf die wieder Bewertungen erfolgen. Leider tun uns diese Dauerbewertungen nicht gut. Es baut im ersten Moment etwas Stress ab, weil es uns eine Illusion von Kontrolle gibt. Die eigentliche Ursache unseres Stresses – das Fehlen von Liebe – wird dadurch nicht behoben.

Für manche Menschen klingt es im ersten Moment unlogisch, aber uns selbst genau dort Liebe zu schenken, wo wir etwas nicht mögen, das fährt den Stress herunter. Der Himmel hat seine eigene Logik, die nicht immer der Logik unseres Verstandes entspricht. Genau das ist gut so. Wenn wir sehen, wohin uns unser Verstand gebracht hat, bei all der Not und Umweltzerstörung, dem Hunger und den Kriegen auf der Welt, müssen wir uns eingestehen, dass das weit weg ist von einer gesunden Logik.

Hier ist es sehr wichtig, nicht in ein Missverständnis zu rutschen, was ganz vielen Menschen passiert. Du musst nicht Liebe aufbringen für das, was Du nicht magst.

Du darfst Dich selbst dafür lieben, dass Du etwas nicht magst. Klingt schwierig? Versuche, Dich mal auf folgende Vorstellung einzulassen:

Du magst eine bestimmte Person nicht. Es würde nicht sonderlich gut funktionieren, wenn Du jetzt krampfhaft versuchen würdest, die Person zu mögen. Lass es erst einmal stehen, dass Du die Person nicht magst. Es darf da sein. Dann versuche, Dich selbst freundlich damit zu betrachten. Vielleicht merkst Du, dass irgendetwas an der Person Dich stresst. Vielleicht löst die Person Ärger oder Genervtheit, vielleicht auch Angst oder Unsicherheit in Dir aus. Was es auch ist, es ist dieses Gefühl, das die Person in Dir auslöst, das Du nicht magst.

Es kann Dir helfen, den Unterschied wirklich zu verstehen. Es ist nicht die Person das Problem, sondern das Gefühl, das sie in Dir auslöst.

Magst Du das Gefühl nicht, dann magst Du einen Teil von Dir selbst nicht. Das hat ungute Konsequenzen in Deinem System, nämlich Stress und Selbstablehnung. Daher versuchen wir es noch einmal andersherum: Betrachte Dich freundlich damit, dass Du den Ärger oder die Unsicherheit, die die Person in Dir auslöst, nicht magst. Ist doch verständlich, wer mag sich schon so fühlen? Gib Dir Verständnis dafür, dass dieses Gefühl Dich irgendwie belastet. Gehe jetzt wie eine gute Freundin oder ein guter Freund mit der Tatsache um, dass es Dich belastet.

Habe Mitgefühl für Dich.

Du sollst Dich nicht bemitleiden, sondern Dir bewusst machen, dass das, was die Person bei Dir auslöst, unangenehm und stressauslösend ist. Das hat Mitgefühl verdient. Schenke Dir Verständnis mit einem freundlichen Blick auf Dich selbst. Vielleicht funktioniert es nicht sofort, aber mit der Zeit könntest Du bemerken, dass Du Dich entspannter fühlst. Wenn es noch nicht funktioniert, keine Sorge, wir gehen an anderer Stelle noch mehr ins Detail und dann wird es Schritt für Schritt leichter für Dich.

Ich wiederhole noch mal – nicht, weil ich Dich für dumm halte, sondern weil ich weiß, wie schnell wir diesen Punkt im Alltag vergessen: Es geht um Liebe oder Mitgefühl für das Gefühl, das die Person in Dir auslöst.

Dir und diesem Gefühl darfst Du Liebe schenken.

Geht es Dir mit der Zeit besser, merkst Du von selbst, dass die Person Dir nicht mehr ganz so unsympathisch ist. Vielleicht hast Du dann sogar etwas Mitgefühl oder Verständnis für die Person.

Zurück zu Dir. Kein Gefühl ist ohne Grund da. Es mag für Dich erst einmal keinen Sinn ergeben, aber auch Deine scheinbar sinnlosen Gefühle haben ihren Ursprung in einer sinnvollen (Schutz-)Reaktion Deines Systems. Erst wenn sie da sein dürfen und Du ihnen mitfühlend begegnest, hast Du die Chance, ihren Sinn zu verstehen. Deine Gefühle führen Dich immer zurück zu Dir selbst. Sei also freundlich zu ihnen.

Je mehr Du freundlich zu Dir und Deinen Gefühlen bist, desto mehr kommt Deine DNA ins Leuchten. Je mehr unsere DNA ihre eigentliche Aufgabe, Liebe in die Welt zu setzen, erfüllen kann, desto besser geht es uns selbst. Geht es uns gut, gehen wir auch liebevoller mit anderen Menschen, Tieren und der Natur, also mit der uns anvertrauten Schöpfung um. Nicht nur wir Menschen haben Liebe verdient, sondern die gesamte Schöpfung. Ich rede hier nicht nur von Liebe im Sinne von tatkräftigem Handeln, sondern von einer grundsätzlichen Einstellung oder Haltung dem gesamten Leben gegenüber. Alles, was ist, hat meine Liebe verdient.
Das noch Verrücktere ist, dass ich es verdient habe, alles zu lieben. Es ist so ein Unterschied für mich, ob ich in der Liebe bin oder nicht. In der Liebe bin ich gleichzeitig im Frieden und in einer Art Glückszustand, was ich nur als Himmel bezeichnen kann. Etwas Besseres gibt es einfach nicht. Du hast es genauso verdient, in diesem wunderbaren Zustand zu sein. Du hast es verdient und Du bist es wert, im Himmel zu sein. Du bist es wert, den Himmel zu leben. Du bist es wert, geliebt zu werden und zu lieben.
Willst Du den himmlischen Glückszustand haben, lebe und verkörpere ihn. Es beginnt immer bei Dir.
Fang an, freundlich auf das zu reagieren, was Du fühlst und empfindest, und Du machst einen Schritt auf den Himmel zu.
Mit Egoismus hat das nichts zu tun. Es geht hier nicht um ein permanentes Kreisen um sich selbst. Es geht darum, bei sich „aufzuräumen". Wie wollen wir Frieden in die Welt bringen, wenn wir keinen Frieden mit uns und in uns haben?
Ein offenes Herz ist ein offenes Herz. Öffnen wir das Herz für uns selbst, öffnen wir es automatisch für andere. Zu meinen,

dass wir nur das Herz für andere offen haben sollten, aber nicht für uns, bringt gar nichts. Wir sperren schmerzhafte Anteile von uns aus und sind leider nicht im Frieden mit uns – ein Teil von uns bleibt unglücklich. Wenn wir glücklich sein wollen, müssen wir bei uns anfangen. Glücksmomente können wir natürlich auch durch andere Personen, Natur, Musik etc. erleben. Aber ein beständiger, dauerhafter Zustand von Glück und Frieden kann nur durch unser Herz erreicht werden.

Das ist das scheinbar Paradoxe an Liebe und Mitgefühl: Sie wollen nichts verändern oder lösen und bewirken gerade dadurch so viel mehr. Es gibt keine größere Macht als die der Liebe.

Möge die Macht der Liebe mit Dir sein!

II. Was wir tun können bei ...

An dieser Stelle möchte ich etwas anmerken: Unser Nervensystem ist ein Organ, das gute Nahrung braucht. Die Forschung der letzten Jahre zeigt, dass uns bestimmte Stoffe helfen, besser aus Traumatisierungen, Ängsten, Depressionen usw. herauszukommen. Ich beschreibe es gerne so: Du kannst den besten und stärksten Motor in Deinem Auto haben. Wenn Du kein Öl in den Motor gibst, wird das Auto nicht laufen. Daher ist es sinnvoll, sich einmal mit Stoffen wie Vitamin B12, Vitamin D, Coenzym Q10 und anderen, vor allem auch mit DHA, einer Omega-3-Fettsäure aus Algenöl, zu beschäftigen. Sie erleichtern Dir so manches. Da es kluge Menschen gibt, die dazu Bücher und Vorträge ins Internet gestellt haben, möchte ich exemplarisch an dieser Stelle auf Dr. med. Michael Nehls und sein Buch *Das erschöpfte Gehirn* verweisen.[13]

Gleichzeitig ist es mir auch wichtig, Dir zu sagen: Achte darauf, welcher Weg Dir sonst noch helfen könnte. Für manche Menschen sind Psychopharmaka eine echte Hilfe, andere reagieren wiederum gut auf alternativmedizinische Verfahren. Lass Dich hier von einem guten Arzt oder einer guten Heilpraktikerin beraten oder informiere Dich durch vielfältige Literatur.

Ich habe die Erfahrung gemacht, dass dogmatisches Schubladendenken nicht hilfreich ist. Jeder Mensch hat das Recht, die Hilfe zu bekommen, die für ihn wirksam ist.

Bevor wir in einzelne Themenbereiche einsteigen, möchte ich zwei Basisübungen vorstellen, die uns helfen können, Liebe und Mitgefühl zu leben.

A. Hand aufs Herz

Die Übung *Hand aufs Herz* ist eine Körperübung, die über den Vagusnerv, den Grundstein für Mitgefühl, funktioniert. Ich begegne immer wieder Menschen, für die es sehr schwer ist, Mitgefühl zu verspüren. Diesen Menschen empfehle ich gerne, den Körper zu nutzen, um eine Ahnung von Mitgefühl zu bekommen. Diese Übung ist inspiriert durch die Polyvagal-Theorie und aktiviert den ventralen Vagusnerv [14]
Setze Dich bequem hin und lege eine oder beide Hände mittig auf Deinen Brustkorb auf Höhe des Herzens. Du kannst dazu Deine Augen schließen, musst es aber nicht. Spüre von Deinem Brustkorb aus, wie sich der Kontakt mit der Hand anfühlt. Überprüfe für Dich, ob Du mehr oder weniger Druck mit der Hand brauchst – es soll angenehm für Dich sein. Nimm Dir Zeit. Es geht nicht darum, mit der Hand zu spüren, wie Dein Herz schlägt. Es geht um die Wahrnehmung des Brustkorbs. Es geht darum, von innen nach außen zu spüren. Halte Deine Hand dort und nimm einfach wahr, was passiert.
Manchmal entsteht ein Gefühl der Wärme durch den Kontakt von Hand und Brustkorb. Für viele entsteht ein erstes Gefühl von Entspannung im Körper. Manche empfinden es als angenehm, mit sich selbst in Kontakt zu kommen. Andere nehmen einen direkten Kontakt zu ihrem Herzen wahr.
Tut es Dir gut, mache es so lange, wie Du willst, und vor

allem mache diese Übung in unterschiedlichen Lebenslagen. Sie geht auch im Stehen oder Liegen. Je öfter Du diese Übung machst, desto leichter gelingt es Dir, sie in stressenden Situationen anzuwenden und eine erste kleine Entspannung zu erzeugen.
Was ist, wenn Du die Übung unangenehm empfindest oder bei Dir nichts passiert?
Das ist kein Problem. Für manche Menschen ist es nicht schön, etwas auf dem Brustkorb liegen zu haben. In diesem Fall lasse die Übung – es gibt noch andere Wege, Mitgefühl zu aktivieren.
Merkst Du keinen positiven Effekt, versuche die Übung noch ein paarmal. Bei der ein oder anderen Person stellt sich eine positive Wirkung erst nach einer gewissen Zeit ein.
Wenn es Dich interessiert, noch andere Wege zu finden, empfehle ich Dir, im Bereich Polyvagal-Theorie bzw. Vagusnerv oder Nervus vagus zu suchen.

Wenn es Dir leichter fällt, kannst Du die Übung auch in der Vorstellung machen. Du kannst auch mit Vorstellungskraft in Kontakt mit Deinem Herzen gehen. Dann spüre Dich in Deinen Brustkorb und in die Herzgegend hinein, ohne die Hand aufzulegen.
Wichtig an der Übung ist, den Fokus auf Deinen Herzbereich zu legen. Das Herz hält alles bereit, was wir brauchen. Wir können lernen, unser Herz und damit die Liebe zum Zentrum unseres Lebens zu machen.

Dies ist vor allem eine gute erste Übung, wenn der Begriff Mitgefühl kein Gefühl auslöst. Nicht jeder Mensch kann Mitgefühl wirklich spüren. Über den Körper zu gehen ermöglicht es, ein Gefühl dafür zu bekommen, welche Wirkung die Aktivierung des Vagusnervs hat. Gleichzeitig wird durch die Übung *Hand aufs Herz* der Fokus weg vom Verstand hin zum Herzen gelenkt. Allein das kann schon eine wohltuende Unterbrechung unseres ständig aktiven Gedankenapparats sein und eine erste Entspannung ermöglichen.

B. Der freundliche Blick

Eine sehr effektive und (eigentlich) einfach anzuwendende Übung ist der *freundliche/liebevolle Blick*. Auch diese Übung ist durch die wunderbaren Erkenntnisse der Polyvagal-Theorie von Stephen W. Porges ins Bewusstsein gerückt.[15]
Dafür, dass sie sehr leicht eingesetzt werden kann, ist sie erstaunlich wirksam. Trotzdem ist sie für manche Menschen schwierig anzuwenden, vor allem bei sich selbst.
Fangen wir daher mit dem einfacheren Teil an. Bei dieser Übung aktivieren wir wieder den ventralen Nervus vagus, der uns eine gute Hilfe im Umgang mit Stresshormonen ist. Dadurch gelangen wir leichter in einen entspannten und mitfühlenden Zustand für andere und uns selbst.
Durch die Polyvagal-Theorie ist bekannt, dass unser Herz und unsere Augen eine Verbindung über den ventralen Vagusnerv haben. Wir können also durch unsere Augen bzw. unseren Blick unser Herz strahlen lassen.
Versuche, Dir vorzustellen, dass Du einem geliebten Menschen (oder Tier) nur mit Deinen Augen zeigen kannst, dass Du ihn/sie/es magst bzw. liebst. Es könnte zum Beispiel (der

unrealistische Fall) sein, dass Du von dem geliebten Wesen durch eine schalldichte, aber durchsichtige Wand getrennt bist. Das Wichtige an dieser Übung ist, Dich wirklich auf die Augen zu konzentrieren. Wenn wir an freundliche Mimik denken, fällt uns immer als Erstes das Lächeln ein. Zu Lächeln ist hier weniger wichtig. Wenn Du versuchst, jemandem nur mit Deinen Augen Deine Zuneigung oder Wertschätzung zu zeigen, konzentrierst Du Dich automatisch mehr auf Deine Augen als auf Deinen Mund. Daher gehen wir noch einmal in die Vorstellung hinein, dass Du nur mit Deinen Augen bzw. mit Deinem Blick Deine Liebe ausdrückst. Versuche, dabei wahrzunehmen, wie sich Dein Gesicht, vor allem der Bereich um Deine Augen anfühlt. Ich spüre beim freundlichen Blick deutlich, wie sich der ringförmige Muskel um die Augen leicht zusammenzieht. Manchmal, wenn es für mich schwierig ist, Mitgefühl zu aktivieren, hole ich die Erinnerung an diese Muskelbewegung um meine Augen herum her. Indirekt aktiviere ich damit den Vagusnerv. Dann fällt es mir leichter, ins Mitgefühl zu kommen.

Der ringförmige Muskel um die Augen wird also aktiviert und leicht zusammengezogen. Kannst Du es etwas spüren? Das ist nicht so einfach, aber mit der Zeit wird es besser spürbar. Wenn Du weißt, wie es sich anfühlt, wird es in Zukunft leichter, den freundlichen Blick zu aktivieren. Allein das Abrufen des speziellen Gefühls um die Augen aktiviert dann schon den Nervus vagus.

Falls Du nicht der Typ bist, der dies gut wahrnehmen oder abspeichern kann, konzentriere Dich eher auf Dein allgemeines Befinden. Wie geht es Dir, wenn Du an einen geliebten Menschen denkst und es durch Deinen Blick zeigst? Für die meisten Menschen entsteht dabei ein gutes Gefühl. Falls dies bei Dir nicht der Fall ist, mach Dir keinen Druck. Wie gesagt, Du wirst andere Übungen oder Methoden finden, die Dir mehr liegen. Mache die Übung wieder mehrmals, bis sie Dir leichtfällt. Genieße das angenehme Gefühl, das der freundliche Blick auslöst, und übe es so oft wie möglich.

Jetzt kommen wir noch zu einer Steigerung. Stelle Dich vor einen Spiegel und schaue Dir in die Augen. Jetzt aktiviere den freundlichen/liebevollen Blick. Das wird Dir vielleicht anfangs schwerfallen. Wir haben leider oft keinen freundlichen Blick für uns übrig und müssen das erst trainieren. Manchmal hilft es, wenn Du die Augen zuerst geschlossen hältst. Denke mit geschlossenen Augen an einen geliebten Menschen oder an ein Tier (oder Deine Lieblingsmusik etc.). Stelle Dir vor, wie Du diesem Menschen Deinen freundlichen Blick schenkst. Wenn Du es fühlen kannst, dass der Blick da ist, öffne Deine Augen. Jetzt schenkst Du Dir selbst wenigstens einen kleinen Augenblick lang etwas Freundlichkeit. Auch das kann noch schwierig für Dich sein oder sich künstlich oder merkwürdig anfühlen. Das ist normal, wenn Du es einfach nie vermittelt bekommen hast, Dich freundlich anzusehen. Übe bitte trotzdem weiter. Es wird die Zeit kommen, in der es Dir leichter fällt und Du den positiven Effekt dieser Übung spüren wirst. Hat es gutgetan? Schön, dann wende es so oft wie möglich an. Es geht beim Zähneputzen genauso wie beim Händewaschen oder beim Frisieren. Oder einfach mal so. Vielleicht kannst Du auch hier das Gefühl abspeichern, das dabei entsteht. Wir haben nicht immer einen Spiegel vor uns. Dann ist es gut,

wenn wir den freundlichen Blick für uns selbst aus der Erinnerung abrufen können.
Eine weitere Variante ist möglich, wenn Du Kinderbilder von Dir hast. Du kannst üben, Deinem jüngeren Ich auf den Fotos einen liebevollen, freundlichen Blick zu schenken. Leichter fällt es uns mit Bildern, mit denen wir positive Erinnerungen verbinden. Mit der Zeit ist es möglich, zu Bildern überzugehen, die weniger gute Erinnerungen auslösen. Wenn wir es schaffen, uns selbst auf diesen Fotos einen freundlichen Blick zu schenken, haben wir schon einen großartigen Schritt hin zur Selbstliebe und damit zu Liebe und Mitgefühl allgemein gemacht.

Anhand des *freundlichen Blickes* lässt sich auch gut ableiten, mit welcher Haltung wir durchs Leben gehen können. Das Leben wird viel leichter, wenn wir es freundlich sehen können. Auf sich und andere Lebewesen mit einem freundlichen, liebevollen Blick zu schauen, bringt Entspannung und Frieden mit sich. Manche Situationen lassen sich entschärfen, wenn wir freundlich auf uns und andere blicken. Ich erlebe immer wieder, dass schwierige Themen bei (traumatisierten) Menschen deutlich leichter werden, wenn sie mit einem liebevollen Blick betrachtet werden können.

Ein Gedanke, den ich ab und zu mal höre, mag ich sehr: *Etwas oder jemanden mit einem liebevollen Blick zu betrachten heißt, mit Gottes Augen zu sehen.*
Mir ist dies einmal sehr eindrücklich als Erfahrung geschenkt worden. Ich bin in meiner Arbeit mit einem jungen Mann konfrontiert gewesen, dessen politische Denkweise

und Weltanschauung für mich sehr schmerzhaft waren, weil sie geprägt waren von der Abwertung anderer Menschen. Das rassistische und rechtsradikale Denken und Verhalten dieses Mannes waren für mich eine echte Herausforderung. Verrückterweise ging mir jedes Mal das Herz auf, wenn ich auf ihn traf. Ich konnte gar nichts dagegen oder dafür tun, es passierte einfach. Ich empfand einfach eine herzensoffene, warme Zuneigung für diesen für mich so schwierigen Menschen. Das war einerseits gut, denn nur so konnte ich mit ihm arbeiten. Andererseits fühlte ich mich schuldig für die Herzensöffnung, denn der Mann war sehr verletzend zu anderen Menschen. Durch die Auseinandersetzung mit dieser verwirrenden Erfahrung passierte viel bei mir. Erstens konnte ich in dieser Zeit lernen, das Herz für einen „Täter" offen zu haben – was nicht das Mitgefühl für dessen Opfer ausschließt. Liebe ist kein Entweder-oder-Dilemma. Liebe bedeutet nicht, wenn ich für den einen bin, dann bin ich automatisch gegen den anderen Menschen. Nein, so funktioniert Liebe nicht. Liebe ist eine Sowohl-als-auch-Antwort. Sie gilt allem und jedem. Das ist durchaus harte Kost, ich weiß. Wir würden so gerne das Böse mit Ablehnung und Hass belegen, damit es verschwindet. Damit vermehren wir das Böse nur. Ich darf das (vermeintlich) Böse selbstverständlich nicht mögen und ich darf ungute Gefühle dazu haben. Das ist in Ordnung. Ich darf aber, wie oben schon erklärt, auf meine Gefühle mit Liebe reagieren. Es ist sogar meine Verantwortung, auf meine Gefühle mit Liebe zu reagieren. Schaffe ich es also, auf die Gefühle, die das Böse in mir auslöst, mit Liebe zu reagieren, bringt am Ende auch das Böse bei mir Liebe hervor. Und wenn ich das schaffe, kann ich mich manchmal eines Gefühls des Triumphs nicht erwehren. Am Ende siegt immer die Liebe!

Zweitens bekam ich in dieser Zeit noch einen kleinen Moment der Erleuchtung geschenkt. Wenn mich etwas verwirrt, frage ich einfach mal ganz direkt Gott, was das soll. Dies tat ich auch hier. Und ich bekam eine wunderbare Antwort. Es war, als sähe ich Gott lächeln und zu mir sagen: „Jetzt weißt Du, wie es mir mit jedem Geschöpf und jedem Menschen geht. Mir geht einfach nur das Herz auf, ich kann gar nicht anders."

Mit diesen zwei Basisübungen hast Du schon ein erstes Repertoire, um dem Himmel näherzukommen. Andere Möglichkeiten möchte ich in Verbindung mit den jetzt folgenden Themen erläutern.

Sei nicht verwundert, wenn es Dir immer mal wieder paradox erscheint, was Du bei den einzelnen Themen lesen und üben wirst. Erinnere Dich daran, was Du im vorherigen Kapitel über das scheinbare Paradoxe der Liebe gelernt hast. Die Liebe, die nichts lösen oder bekämpfen will, bewirkt so viel mehr als alle anderen Wege. Sie ist die einzige Antwort, die funktioniert.

1. Angst, Unsicherheit und Co.

Angst hat viele Gesichter. Manchmal zeigt sie sich als diffuse Unsicherheit, manchmal als blanke Panik und manchmal ist sie einfach nur pure Anspannung. Angst bewirkt oft ein Rückzugsverhalten. Das hässlichste Gesicht der Angst zeigen wir, wenn wir das, was uns ängstigt, ablehnen und abwerten.

Diese Ablehnung anderer endet leider bei manchen Menschen in Hass. Sich einzugestehen, dass wir Angst haben, fällt uns Menschen oft schwer. Daher stempeln wir andere Menschen, Kulturen, Denkweisen usw. zum „Bösen" ab. So können wir unsere Aggression rechtfertigen und müssen uns unseren Ängsten nicht stellen. Viel Schmerzhaftes auf der Welt geschieht aus Angst heraus. Daher ist es wichtig, dass wir lernen, unseren Angstgefühlen mit Liebe zu begegnen.

Physiologisch betrachtet hat Angst mit Stresshormonen und bestimmten Bereichen und Abläufen im Gehirn zu tun. Im Körper kann sich Angst sehr unterschiedlich zeigen. Von zittrigen Knien über Enge im Brustkorb oder Magenschmerzen bis hin zum berühmten „Dünnschiss" reichen unsere Angstreaktionen. Angst kann uns zum Teil, aber auch komplett vereinnahmen.

Zum Glück gibt es Therapie und gute Literatur (in den verschiedenen Medien), die uns bei Angst und Co. weiterhelfen können. Auch verschiedene Mittel oder Psychopharmaka können eine Linderung bei Angst bringen. Hier ist es immer gut, mit darauf spezialisierten Personen wie Ärzten oder Heilpraktikerinnen zusammenzuarbeiten.

Ich möchte hier Wege im Umgang mit Unsicherheit, Angst und Panik aufzeigen, die gleichzeitig die Selbstliebe in Dir vergrößern.

Eine grundlegende Voraussetzung für den Umgang mit Angst ist, dass Du „Boden unter den Füßen" hast.

C. Boden unter den Füßen spüren

In der Traumaforschung ist in den letzten Jahren/Jahrzehnten immer mehr erkannt worden, dass Körperwahrnehmungen ein wertvolles Instrument für die Therapie von Traumatisierungen und Ängsten sind.[16] Claudia Croos-Müller erklärt das anschaulich und gut praktisch anwendbar in ihren Büchern, zum Beispiel in *Kopf hoch*.[17]

Die Übung *Boden unter den Füßen spüren* ist wieder eine einfache, aber effektive Basisübung. Sie ist wichtig im Umgang mit Angst und für alle anderen stressbedingten Gefühle. Boden unter den Füßen zu spüren, gibt unserem Gehirn ein Gefühl von Sicherheit. Da Angst als Erstes ein körperliches Geschehen ist, können positive Körperwahrnehmungen einen beruhigenden Effekt auf sie haben.

Wenn möglich, setze oder stelle beide Füße auf den Boden, drücke sie im Liegen gegen das Bettende oder stell es Dir einfach nur vor. Gehen wir davon aus, Du hast beide Füße am Boden. Konzentriere Dich erst einmal darauf, Deine Füße wahrzunehmen. Kannst Du Deine Füße spüren? Kannst Du spüren, dass Du einen Boden unter den Füßen hast?
Wenn ja, bleibe darauf konzentriert.
Wenn es noch nicht geht, gib mehr Gewicht in die Füße, mal rechts, mal links, in die Ballen, bewege die Zehen und konzentriere Dich noch einmal darauf, Deine Füße zu spüren. Meistens geht es jetzt etwas besser.
Die Übung funktioniert im Stehen besser als im Sitzen. Ich kann Dir empfehlen, sie im Stehen zu beginnen und dann im

Sitzen zu üben. Du kannst auch gleich im Sitzen beginnen, wenn Du merkst, dass Du den Boden unter den Füßen spüren kannst. Manchmal braucht es ein bisschen Zeit, bis man es hinbekommt. Das Schöne dabei ist, dass Du es überall im Alltag üben kannst: zu Hause auf dem Sofa sitzend genauso wie beim Stehen in der Schlange vor der Kasse, beim Sitzen im Büro oder beim Stehen oder Sitzen in der U-Bahn.

Wichtig ist, dass Du es am Anfang übst, wenn Du keine Angst hast. Je eingeübter und automatisierter es ist, *Boden unter den Füßen* zu spüren, desto leichter wird es Dir gelingen, es abzurufen, wenn Du Angst oder Panik empfindest.

Diese Übung ist eine gute Basis für alle anderen Methoden oder Übungen. Sie kann Dir außerdem in manch stressiger Situation im Alltag helfen.

Egal ob Du ein Referat halten musst, ein Gespräch mit einer Vorgesetzten oder Deinem Chef hast, nervös vor Deinem ersten Date bist oder Dich einfach unsicher fühlst – Bodenkontakt zu spüren wirkt stabilisierend.

Machen wir es doch gleich noch einmal, dann fällt es Dir vielleicht schon etwas leichter. Konzentriere Dich auf Deine Füße. Spüre, dass sie Kontakt zum Boden haben und vom Boden gehalten werden. Nimm dies einige Zeit lang wahr.

Am besten ist es, es so lange zu spüren, bis wir ein deutliches Empfinden in uns abspeichern können. Wenn Du zum Beispiel einen Fuß vom Boden nimmst und in die Luft streckst, aber Dich immer noch an das Gefühl vom Bodenkontakt in Deinen Füßen erinnern kannst, hast Du die Übung schon gut gemacht.

Diese Basisübung ist eine gute Vorbereitung für andere Übungen und Methoden. Gleichzeitig ist sie schon für sich eine erste Möglichkeit, Dir etwas Gutes zu tun. Unser Gehirn empfindet Boden unter den Füßen als ein Zeichen für Sicherheit. Je mehr eine positive Empfindung auf einer tatsächlichen körperlichen Wahrnehmung beruht, desto wirksamer ist sie. Unsere Psyche baut sehr stark auf Körperempfindungen auf, das können wir uns zunutze machen.

Magst Du noch einmal den Boden unter Deinen Füßen spüren?
Jetzt hast Du schon etwas Rüstzeug für unsichere Situationen. Gut gemacht!

Auf diese Übung kannst Du mit den oben besprochenen Übungen *Hand aufs Herz* und *Freundlicher Blick* aufbauen. Sie miteinander zu kombinieren, macht die einzelnen Übungen tatsächlich noch effektiver.

So bekommst Du immer mehr Kontrolle über Deine Stresshormone, und dies ist sehr wichtig, um mit Unsicherheiten und Angstzuständen gut umgehen zu können.

Für den Umgang mit verschiedenen Gefühlen möchte ich Dir das *Seelenhaus* oder die Arbeit mit dem *inneren Kind* empfehlen. Es sind Übungen, mit denen ich gute Erfahrungen gesammelt habe – vielleicht sind sie auch etwas für Dich. Ich erkläre sie am Beispiel von Angst, sie sind aber wirklich auch sehr gut für andere Gefühle und Zustände anwendbar. Angst und Co. beeinträchtigen uns als Individuen und als Menschheit stark darin, die Liebe zu leben. Daher möchte ich die folgenden Methoden mit Angst erklären und, wenn Du magst, gleich mit Dir einüben.

D. Das Seelenhaus

Stelle Dir ein Gebäude oder eine Landschaft vor, die Dir angenehm sind. Ich erkläre es weiter mit der Vorstellung von einem Haus, da es damit gut darstellbar ist.
Dieses Haus hat alles, was Du willst und brauchst. Es ist Dein Haus und damit bist Du der Verwalter oder die Gastgeberin dieses Hauses. Versuche, die Angst als eine Gestalt nach Deiner Vorstellung in eine Form zu packen. Das kann eine menschliche Gestalt, eine Art Tier oder etwas Symbolhaftes sein. Es gibt hier kein Richtig oder Falsch. Diese Gestalt oder das Symbol steht vor Deiner Haustür. Deine Aufgabe ist es, die Angst in Dein Haus hereinzulassen.
Manchmal fällt dieser erste Schritt schwer. Dir auch? Das ist verständlich. Die Angst auch noch hereinzulassen, wenn Du sie doch eigentlich loshaben willst, wirkt unsinnig und eben irgendwie paradox. Versuche, Dir einmal vorzustellen, wie es der ängstlichen Gestalt geht, wenn sie nicht ins Haus darf. Sie hat ja schon Angst und jetzt muss sie noch draußen schutzlos ausharren. Das verstärkt die Angst nur und Dir geht es damit nicht besser. Vielleicht tut sie Dir auch ein bisschen leid, wie sie so ängstlich vor der Tür steht? Versuche es bitte noch einmal. Spüre den Boden unter Deinen Füßen (wie Du es schon geübt hast), atme tief ein und lang wieder aus. Mache das Ganze noch einmal und atme wieder lange aus.
Jetzt öffne der Angst die Tür und lasse sie einen Schritt hereinkommen. Vielleicht macht es Dich etwas nervös – bleibe mit Deinem Fokus auf der ängstlichen Gestalt.
Wie wirkt die ängstliche Gestalt auf Dich jetzt, nachdem sie ins Haus durfte? Es muss nicht viel sein. Merkst Du, dass sie

etwas erleichtert wirkt, etwas weniger ängstlich? Sie ist jetzt nicht mehr so schutzlos und allein und das tut Deiner Angst gut. Nimm wahr, wie es für Dich ist, wenn Du merkst, dass es der ängstlichen Gestalt etwas besser geht. Irgendwie fühlt sich das für Dich auch ein kleines bisschen besser an? Dann nimm noch mal Deinen Mut zusammen und finde mit der Angst heraus, was sie jetzt braucht. Gehe es pragmatisch an, wie eine gute Gastgeberin oder ein guter Hausbesitzer es tun würde. Möchte die Angst sich hinsetzen, aufs Sofa kuscheln mit einer Tasse Tee, möchte sie im Garten sein und die schöne Natur genießen? Oder möchte sie vielleicht in ein Bett und sich die Decke über den Kopf ziehen?

Alles ist möglich, es ist ja Dein Haus. Gehe so gut Du es kannst freundlich mit Deiner Angst um. Ja, das ist schwierig, aber das kannst Du. Wenn nötig, konzentriere Dich wieder darauf, den Boden unter Deinen Füßen zu spüren. Dann registriert Dein Gehirn wieder etwas mehr Sicherheit und kann sich gestärkt der Angst zuwenden. Mache Dir auch immer wieder klar, dass die Angst ein Teil von Dir ist. Sie ist nicht übermächtig, sie fühlt sich nur so an. Indem Du Dich ihr stellst, nimmst Du ihr schon etwas von ihrer Macht. Die Angst will, wie alle unsere Gefühle, auch nur Mitgefühl bekommen. Es tut der Angst gut, dass Du Dich ihr zuwendest.

Ich weiß, es ist jetzt nicht alles gut und Deine Angst ist nicht weg. Vielleicht merkst Du, dass es leichter geworden ist. Spüre nach, ob Du Dich noch weiter um die Angst kümmern kannst. Wenn ja, lass einfach zu, was kommen will. Manchmal freut sich die Angst, wenn sie etwas zu essen bekommt oder einfach mit Dir etwas spielen darf. Auch jetzt ist alles erlaubt, was der Angst freundlich zeigt: *Du darfst da sein.*

Wenn Ihr beide nichts mehr weiter braucht, wollt oder könnt, beende die Übung. Das ist genauso richtig.
Du hast einen großartigen Schritt gemacht, als Du die Angst ins Haus gelassen hast. Das kostet oft Überwindung und zeigt dadurch, wie stark Du bist. Die Angst zuzulassen, macht Dich nicht schwächer, sondern stärker.
Es ist wichtig zu erkennen: Will ich etwas nicht haben, hat es Macht über mich. Kann ich etwas annehmen, habe ich die Macht. Die Angst ins Haus hereinzulassen hat Dir ein Stück positive Macht und Größe zurückgegeben. Die Angst ist ein Teil von Dir, nicht Du ein Teil der Angst. Das kannst Du wieder spüren, wenn Du es aushältst, die Angst freundlich hereinzulassen.
Dein Herz ist die größte Kraft.
Die Liebe zu Dir und Deiner Angst ist größer als Deine Angst. Vielleicht hast Du eine kleine Ahnung davon bekommen.
Das Seelenhaus lässt sich auch mit anderen Gefühlen durchführen. Ich komme später noch dazu.

E. Das innere Kind

Auch die Arbeit mit dem inneren Kind kann Dir helfen, einen mitfühlenden und liebevollen Umgang mit Dir und Deinen Gefühlen zu bekommen.
Gerade bei Angst mag ich diese Arbeit gerne, denn unsere Ängste stammen in der Regel aus unserer Kindheit.
Hierbei kannst Du in eine Situation aus Deiner Kindheit einsteigen, bei der Du Angst verspürt hast. Nimm bitte für den Anfang keine zu heftige Situation. Stark angstauslösende Si-

tuationen in Deiner Biografie solltest Du mit einem Therapeuten, einer Psychologin oder einer anderen Fachkraft und nicht allein angehen.

Hast Du eine Situation? Dann schaue auf Dich selbst wie in einer Filmszene. Du siehst Dich als Kind oder Jugendliche/n in dieser Situation. Schaue nicht zu sehr auf die Umstände, die Du eh nicht mehr ändern kannst. Identifiziere Dich auch nicht zu sehr mit Deinem kindlichen Ich, sonst verfällst Du in die Angst und wirst genauso hilflos wie damals. Betrachte als ein wohlwollender Erwachsener Dein kindliches Ich. Spüre den Boden unter Deinen Füßen, wenn Du es brauchst. So bleibst Du sicherer und trotz der Vorstellung von etwas Vergangenem im Hier und Jetzt.

Jetzt versuche, Dir vorzustellen, wie Du in die Situation einsteigst. Es gibt jetzt also Dich als erwachsenes Ich und Dich als Kind. Dein Fokus bleibt auf das Kind gerichtet. Versuche, als jetzige Person Kontakt zu dem Kind herzustellen. Du kannst einen freundlichen Blickkontakt nutzen, das Kind sanft an der Schulter berühren oder, wenn es passt, das Kind in den Arm nehmen. Manche wollen es aus der Situation nehmen und sich lieber an einem sicheren Ort um das Kind kümmern. Das kannst Du gerne machen, wenn Dir danach ist.

Wichtig ist jetzt vor allem, das Kind in seiner Angst auszuhalten und dabei liebevoll oder zumindest freundlich mit dem Kind umzugehen. Manche kommen hierbei unter Druck und wollen dem Kind helfen, fühlen sich aber hilflos. Es ist wichtig zu verstehen, dass wir nichts weiter tun müssen, als präsent zu sein. Auch wenn Du nichts tun kannst – dem Kind zu zeigen oder zu sagen „Ich bin da, Du bist nicht allein" bringt oft schon Erleichterung. Konzentriere Dich nur darauf wahrzunehmen, wie das Kind auf Dich reagiert. Wenn das Kind in einer Schockstarre ist und nicht reagiert, lies bitte im Kapitel „*Schock und Erstarrung*" nach.

In der Regel wirst Du wahrnehmen, dass das Kind froh ist, dass Du da bist und es nicht allein mit seiner Angst ist. Nimm dies wahr, es wird Dir guttun und Dir weiterhelfen, in einem liebevollen Kontakt zum Kind zu bleiben. Mehr musst Du nicht tun. Wenn Dir die Arbeit mit Deinem inneren Kind guttut, mache das öfter. Auch hier gilt: Je öfter Du dies übst, umso effektiver wird es für Dich.

Ich habe beim Thema Entwicklungstraumata auch über Geburtstraumata geschrieben. Falls Du Dich dabei entdeckt hast, ist die Arbeit mit dem inneren Kind eine Möglichkeit, an Aspekte eines Geburtstraumas heranzukommen. Das Kind, mit dem Du hier in Kontakt gehst, ist Dein neugeborenes Ich. Du kannst versuchen zu spüren, welchen Kontakt Dein inneres Neugeborenes braucht. Sei auch hier behutsam. Manchmal ist ein liebevoller Blick die einzige Möglichkeit, dem traumatisierten Baby beizustehen. Manchmal ist es nur die Botschaft „Ich bin bei Dir, Du bist nicht allein", die unser geburtstraumatisiertes Ich braucht. Mit der Zeit kann auch mehr entstehen wie ein Im-Arm-Halten, ein intensiver Blickkontakt oder ein kleines Kitzeln am Bauch, um das Baby zum Lachen zu bringen. Versuche, so liebevoll und mitfühlend zu sein, wie es Dir gerade möglich ist. Wenn Du dabei keine wirklichen Gefühle von Liebe verspürst, lass Dich nicht irritieren. Dies ist bei Geburtstraumata oft der Fall, weil es dabei zu einer Abschaltung der Gefühle kommt. Bleib in einem einfachen

Kontakt mit dem Baby. Es kann am Anfang schon genug Herausforderung sein, Dir vorzustellen, dass Du und Dein neugeborenes Ich sich im selben Raum aufhalten. Dann übe das immer wieder ein. Mit der Zeit kann es leichter werden, und Du kannst spüren, dass mehr möglich ist.

Diese beiden Methoden können Dir helfen, mit Angst als Thema besser umzugehen. Wichtig ist auch, mit akuter Angst einen Weg zu finden.

Was kannst Du tun, wenn Du mitten in der Angst oder Panik steckst?

Da hierbei Dein Körper eine große Rolle spielt, ist es von Nutzen, mit Deinen körperlichen Reaktionen einen für Dich passenden Weg zu finden. Angst hat viel mit der Ausschüttung von Stresshormonen zu tun. Manchen helfen Methoden wie Entspannung, richtiges Atmen usw., um die panikmachenden Hormone runterzufahren. Für andere ist es hilfreicher, die Stresshormone durch Bewegung um- oder abzuleiten, sodass weniger Stresshormone im Angstareal des Gehirns landen und wir uns gleichzeitig handlungsfähiger fühlen. Dies ist möglich durch die Drückübung, die ich im Kapitel *Wut und anderer Ärger* erläutere.

Finde heraus, was für Dich besser ist. Ich habe schon oft erlebt, wie einige Klienten von Entspannungsverfahren profitieren, während es für andere eher noch mehr Stress bedeutet, sich entspannen „zu müssen".

Es gibt nicht *den* Weg, es gibt nur *Deinen* Weg.

Lass Dich bitte nicht irritieren, wenn Du schon viele gute Tipps ausprobiert hast und bisher noch nichts funktioniert hat. Du wirst Deinen Weg finden. Vielleicht mit diesem Buch, vielleicht mit etwas ganz anderem, aber Du wirst Deinen Weg finden. Dein Körper ist ein Wunderwerk. Das fühlt sich nur nicht so an, wenn er gerade Angstgefühle oder sogar eine Panikattacke produziert. Dein Körper meint es nicht böse mit Dir. Er will Dich aus einer vermeintlich bedrohlichen Situation retten. Sei dankbar, dass er diese Fähigkeit hat, sonst gäbe es Dich vielleicht schon nicht mehr.

Trotzdem sind akute Angst- oder Panikzustände etwas sehr Unangenehmes. Das müssen sie auch sein, sie sollen uns ja bewegen, aus der Situation zu flüchten. Dafür sollte Adrenalin in die Beine gelangen, damit wir davonrennen können. Vielleicht sind die Stresshormone mehr in Deinen Nackenmuskeln, damit Du den Kopf einziehen kannst. Oder die Stresshormone bringen Dein Herz zum Rasen, damit es für die Flucht möglichst viel Blut in die Muskeln pumpt. Leider sind sie oft in den Muskeln unseres Brustkorbs und machen das Herz „dicht", um es zu schützen. Dadurch kann sich die Lunge nicht mehr gut ausdehnen und die Atmung wird schwer. Dies verschärft Angst und Panik, da ein Gefühl entsteht, als würde man ersticken.

Durch ihre unangenehmen körperlichen Symptome wirken Panikattacken für sich genommen schon sehr bedrohlich. Dadurch entwickelt sich oft eine Angst vor der Angst. Wichtig ist dann zu identifizieren, wovor genau an dem Panikzustand wir Angst haben. Das kann die Atemnot sein, die Unruhe im Körper, das Gefühl des Durchdrehens im Kopf, die Angst als Emotion etc. Macht Dir zum Beispiel das Gefühl zu schaffen keine oder zu wenig Luft zu bekommen, übe das lange Ausatmen ein. Viele Menschen wissen nicht, dass sie in einer Panik zum Hyperventilieren neigen. Zum entspannenden Atmen gibt es inzwischen gute Anleitungen im Internet, in Büchern oder bei Entspannungstrainern. Hier nur kurz ein Tipp: Spüre den Boden unter Deinen Füßen. Der Bodenkontakt verschafft Deinem Gehirn Sicherheit, die Du dringend in einer Panikattacke brauchst. Atme auf die Zahlen Eins, Zwei, Drei, Vier ein und auf Eins, Zwei, Drei, Vier, Fünf, Sechs, Sieben wieder aus. Du kannst es auch auf andere Zahlen oder andere Wörter probieren – wichtig ist nur, dass das Ausatmen länger wird. Ausatmen ist in unserem Körper mit Entspannung gekoppelt. Das Einatmen dagegen ist mit Anspannung bzw. Aktivierung verbunden. In Angstzuständen oder Panikattacken gehen wir unbewusst zum vermehrten Einatmen über und halten das Ausatmen eher kurz. Das verstärkt unwillkürlich die Ausschüttung von Stresshormonen und steigert damit die Angst. Über eine Verstärkung des Ausatmens lassen sich die Stresshormone etwas herunterfahren. Dies hilft, eine erste Kontrolle über die Angst bzw. Panik zu bekommen. Dafür müssen wir eine ganze Weile länger ausatmen als einatmen. Dies braucht Übung, damit es in einem Angst- bzw. Panikzustand wirklich sicher angewendet werden kann. Übe auch das zuerst in entspannten Situationen ein, dann kannst Du es unter Stress bzw. Angst besser abrufen.

Atemübungen geben Dir die gefühlte Kontrolle über Deine Atmung zurück. Wenn Du mit der Zeit merkst, dass Du zwar Atemnot in einer Panikattacke verspürst, aber nicht daran stirbst, bist Du schon ein Stück weiter.

Das ist nämlich das Gemeine an einer Panikattacke: Sie gibt uns oft das Gefühl, dass unser Leben bedroht ist. Dies macht in einer Panik noch mehr Angst. Zu verstehen, wie eine Panikattacke abläuft und dass wir daran nicht sterben, ist wichtig. Bei einer Panikattacke kommt es zu einer Überflutung des Gehirns mit Stresshormonen. Dadurch empfinden wir einen Kontrollverlust. Unser Gehirn kann die vielen Stresshormone nicht verarbeiten. Auch das fühlt sich oft lebensbedrohlich an. Reaktionen wie körperliche Unruhe, Zittern, Weinen, Schreien helfen, die Stresshormone abzubauen. Leider schämen wir uns oft für diese gesunden Reaktionen. So können wir oft nicht auf effektive Wege zurückgreifen, die helfen könnten, die Panik zu reduzieren. Versuche wenigstens, wenn Du mit Dir allein bist, einmal zuzulassen, dass Du schreien oder auf ein Kissen einschlagen darfst. Oder probiere aus, wie es ist, Dich zu schütteln oder absichtlich ein Zittern zu simulieren. Wenn Du dadurch Stresshormone reduzieren kannst, ist schon etwas geholfen.

Ein mitfühlender Umgang mit uns selbst für die Panikattacken in den panikfreien Phasen und das Aufbauen von Verständnis für die Panik senkt das allgemeine Stresshormonniveau. Sport, Meditation, Entspannungsverfahren können zusätzliche Hilfe dafür sein. Je mehr Möglichkeiten wir anwenden können, um Stresshormone runterzufahren, umso mehr Kontrolle bekommen wir über die Panikattacke. Dann kommt es auch weniger zu Reaktionen, die wir nicht wollen oder für die wir uns schämen. Die Kombination aus Mitgefühl und Verständnis einerseits und körperlichen Übungen wie Füße spüren und Kontrolle über Atmung andererseits ist effektiver als nur *eine* Ansatzebene. Wichtig ist herauszufinden, was für Dich am effizientesten ist.

Falls Du unter Panikattacken leidest, ist es sinnvoll, eine Psychotherapie zu versuchen. Panikattacken allein in den Griff zu bekommen, ist nicht unmöglich, aber schwer. Eine gute Psychotherapie kann Dir weiterhelfen.

Manche Menschen wissen ganz genau, woher ihre Panikattacken kommen. Sie wissen, welch schlimmes Erlebnis der Auslöser war, und das kann in einer Therapie aufgearbeitet werden. Andere Menschen haben vielleicht nur eine vage Vermutung oder kein Wissen darüber, warum sie unter Panikattacken leiden. Auch hier kann eine Therapie hilfreich sein, die Hintergründe der Panik herauszufinden.

Wenn Du keine Möglichkeit zu einer Therapie hast und unter Ängsten und Panikattacken leidest, versuche wenigstens, in den verschiedenen Medien Hilfe zu finden. Manchmal kann ein auf Panik oder Angst spezialisiertes Buch durchaus weiterhelfen.

Ich streife das Thema hier nur an der Oberfläche, weil dies kein Buch über Angst ist. Falls der eine oder andere Tipp Dir hier in der Kürze helfen konnte, freue ich mich. Falls nichts dabei war, gib nicht auf. Du hast es verdient, ohne Ängste zu leben!

Wichtig ist mir, Dir zu sagen, dass Du Dich nicht verurteilen solltest, wenn Du Ängste oder Panikattacken hast. Viele Menschen empfinden sich deswegen als schwach. Ängste und Panikattacken zu haben ist keine Schwäche, es ist eine (überschießende) biologische Funktion. Versuche, Dich mitsamt Deiner Ängste liebevoll anzunehmen, wie ich es in den verschiedenen Übungen oben beschrieben habe. Deine Ängste und Panikattacken haben wie alles an Dir Liebe und Mitgefühl verdient.

Manche Menschen kämpfen statt mit Panikattacken mehr mit (diffusen) Unsicherheiten. Sie sind schwer zu greifen und machen sich eher in einer grundsätzlichen Anspannung bemerkbar. Die Welt wird dann als vage bedrohlich erlebt. Dies macht sich gerne bemerkbar in „Meinungen". Zu allem und jedem eine Meinung zu haben ist oft ein Versuch, Sicherheit in einer unsicheren Welt zu erlangen. Die Unsicherheit kann sich auf die unterschiedlichsten Themen beziehen und schon am Morgen mit der Frage „Was ziehe ich heute an?" losgehen. Unsichere Menschen wissen oft nicht, dass sie unsicher sind. Gut erkennbar ist es daran, dass unsichere Menschen oft Schwierigkeiten im Umgang mit anderen Menschen empfinden. Nach außen ist das nicht immer sichtbar. Herrscht Unsicherheit vor, werden andere Menschen häufig als dominant, vereinnahmend, verständnislos und kalt, zu sehr Raum einnehmend oder Ähnliches wahrgenommen. Hinzu kommt eine Form von Hilflosigkeit, sich diesen Menschen gegenüber nicht wehren oder entziehen zu können. Leider geht dies in der Regel auf frühkindliche Entwicklungstraumata zurück, bei denen ein Kleinkind zu wenig Geborgenheit und Liebe, unsichere Elternteile oder Lebensunsicherheiten wie Armut erlebt hat. Falls Du Dich hierin wiedererkennst, können Dir unterschiedliche Ansätze helfen.

Boden unter den Füßen spüren ist auch hier eine gute Basisübung. Die Drückübung, die ich später beim Thema Wut noch erkläre, hilft gut dabei, Deinen eigenen Raum zu wahren und Dich sicherer im Umgang mit anderen Menschen zu fühlen. Kontakt mit Deinem unsicheren inneren Kind aufzunehmen, kann auch eine Stärkung erzielen. Du wirst merken, dass Selbstliebe und Mitgefühl Dir (nach und nach) guttun werden. Deine Unsicherheit geht vorrangig auf zu wenig erlebte Liebe zurück. Sie ist *nie* ein Beweis dafür, dass Du zu schwach, unfähig oder nicht liebenswert bist. Du kannst nichts dafür, dass Du Dich unsicher fühlst.

Fange an, Deine Unsicherheit freundlich zu betrachten, das hast Du verdient. Unsicherheit braucht Geborgenheit und Geborgenheit entsteht durch Zuwendung, Kontakt und Gesehenwerden. Leider treibt uns Unsicherheit oft dazu, sie verstecken zu wollen.

In unserem Seelenhaus können wir unserer Unsicherheit gut einen Raum geben, wo sie Geborgenheit erfährt. Der Raum kann so gestaltet sein, dass er abgeschirmt von Blicken von außen ist; gleichzeitig ermöglicht der Raum aber, dass wir uns der Unsicherheit in all ihren Facetten zuwenden können. Die Unsicherheit darf da sein. Das ist anfangs nicht einfach. Auch hier entsteht schon ein Stück Entspannung, weil sie da sein darf. Manchmal reicht das schon. Braucht es mehr, versuche zu spüren, wie Du der Unsicherheit freundlich begegnen kannst. Schenke ihr eine Umarmung oder einen liebevollen Blick, trink mit ihr einen Kaffee oder schau mit ihr Deine Lieblingsserie. Zwischendurch konzentriere Dich darauf, Boden unter den Füßen zu spüren. Sei freundlich und liebevoll und mit der Zeit wirst Du spüren: Alles wird gut.

Manches wird seine Zeit brauchen. Bleib mit Liebe und Mitgefühl dran – Du wirst merken, dass Deine Angst, Panik oder Unsicherheit mit der Zeit weniger werden.

Gleichzeitig wirst Du stärker und bringst immer mehr den Himmel in Dein Leben und das Leben anderer.

Du bist einfach wundervoll.

2. Wut und anderer Ärger

Ich fasse unter dem Thema Wut alles zusammen, was von leichter Genervtheit bis zu Hass und Aggression geht. Menschen, die ihre Wut nicht im Griff haben, sind schwierig für sich selbst und eine Bedrohung für andere.

Leider gibt es viele Missverständnisse über Wut und den Umgang mit Wut.

Das erste Missverständnis ist, dass Wut etwas Böses ist. Wut an sich ist nicht böse, sie ist ein biologischer Schutzmechanismus und kann Leben retten. Lernen wir, sie richtig einzusetzen, kann Wut etwas Gutes bewirken.

Das nächste Missverständnis ist, dass es nur zwei Wege gibt, mit Wut umzugehen: sie zu unterdrücken oder sie auszuagieren. Weder das Runterschlucken noch das Rauslassen von Wut ist zielführend. Unterdrücke ich Wut und schlucke sie runter, schade ich auf Dauer mir selbst. Ich bekomme Magengeschwüre oder Verspannungen und kann mich anderen Menschen gegenüber nicht gesund abgrenzen. Sie rauszulassen und an anderen abzureagieren, bringt Verletzungen und Schaden mit sich. (Abgesehen von den wenigen Momenten, in denen es um das pure Überleben geht).

Es braucht einen dritten Weg und das ist der Weg der Liebe. Wut und Ärger empfinden viele Menschen als Gegensatz zu Liebe und Mitgefühl. Lass Dich überraschen, wie gut das zusammengeht.

Die Liebe kann die Kraft der Wut nutzen, ohne in Aggression zu verfallen. Durch Liebe und Mitgefühl kann Wut unser Selbstwertgefühl aufbauen und uns souveräner und selbstbewusster werden lassen. Dadurch wenden wir Schaden von uns und anderen ab. Wie das funktionieren kann, möchte ich hier darlegen.

Wir gehen jetzt gerade von alltäglichen Situationen aus, in denen unsere Wut deplatziert ist, aber auftaucht – ob wir wollen oder nicht. Wut braucht wie alles unser Verständnis und Mitgefühl. Ich weiß, das klingt wieder mal schwierig und für manche sogar abstrus. Gehe bitte trotzdem mit mir den Weg. Wir reden hier im Übrigen immer von unserer eigenen Wut. Für die Wut eines anderen Menschen musst Du kein Mitgefühl haben, dafür ist Dein Gegenüber selbst verantwortlich. Du darfst hier lernen, Deiner eigenen Wut freundlich entgegenzutreten.
Viele Menschen haben die Erfahrung gemacht, dass die Aggression anderer in ihrer Kindheit schmerzhaft für sie war. Dann ist es für sie oft schwierig, die eigene Wut zu akzeptieren. Andere sind so erzogen worden, dass Wut etwas Schlechtes ist. „Führ dich nicht auf, sei nicht so trotzig", aber auch „das lohnt sich nicht, da stehst Du doch drüber, das ist es nicht wert" sind mehr oder minder wohlgemeinte Sätze, die unsere Wut abgewertet oder sogar unterdrückt haben. Wurde auf unsere Wut ablehnend reagiert, haben auch wir gelernt, sie abzulehnen. Dadurch sind wir nicht in der Lage, gut mit Wut umzugehen.
Wut will uns, genauso wie Angst, aus einer bedrohlichen Situation retten. Wut kann uns Bärenkräfte verleihen oder uns als Löwenmutter unser (inneres) Kind beschützen lassen. Problematisch wird sie, wenn sie nicht der Situation entspricht und als Dauerschleife zu beständig passiv-aggressivem oder offensiv aggressivem Verhalten wird. Ich rede hier nicht nur

von Menschen, die anderen körperlich wehtun. Ich rede hier auch von unseren kleinen passiv-aggressiven Verhaltensweisen im Alltag. Wer mutig genug ist, sich ehrlich dem eigenen Genervtsein, der eigenen Gereiztheit, dem eigenen Gemecker und Genöle zu stellen, wird auch eine Form von Wut dahinter entdecken. Wir sind es so sehr gewohnt, ständig zu kritisieren, dass es zu einer Lebenshaltung geworden ist. Die Rechtfertigungen dafür sind schnell bei der Hand: „Man wird doch mal seine Meinung sagen dürfen", „Ich will doch nur ehrlich sein", „Das wird man doch noch kritisieren dürfen". Leider bemerken wir viel zu selten, dass dahinter ein passiv-aggressives Verhalten steckt. Wenn wir uns so verhalten, haben wir nicht gelernt, gut mit unserer Wut und Aggression umzugehen.

Oft haben wir sogar das Gefühl, kein Recht auf unsere Wut zu haben, weil Wut ja angeblich etwas Böses ist. Es ist wichtig zu verstehen, dass jedes Lebewesen ein Recht auf Wut als Gefühl und biologische Schutzfunktion hat. Wir brauchen Wut, aber in der richtigen Form.

Wir haben ein Recht auf Wut. Das heißt nicht, dass wir das Recht haben, andere in der Anonymität des Internets zu beschimpfen und zu beleidigen, in der Klasse oder in der Arbeit zu mobben, den Fan des gegnerischen Fußballclubs anzugreifen usw.

Das Recht auf Wut und die damit verbundene Selbstliebe sind keine Rechtfertigung für unsoziales, entwürdigendes und verletzendes Verhalten!

Wer sich liebevoll der eigenen Wut stellt, bemerkt mit der Zeit, dass wir sie nicht an anderen Lebewesen auslassen müssen. Interessanterweise können wir durch Mitgefühl für unsere Wut uns klarer und konstruktiver äußern. Die positive Erfahrung ist dann, dass unser Gegenüber uns eher ernst nimmt als mit unserem ständigen, hilflosen, passiv-aggressivem Gemecker. Der eigenen Wut mit Liebe und Mitgefühl zu begegnen, macht uns zu besseren Menschen.

Versuchen wir, uns dem komplexen Thema Wut und anderen Formen von Ärger über das *Seelenhaus* anzunähern.
Auch hier tut es gut, der Wut eine Gestalt zu geben. Das kann wieder eine menschliche oder tierische Gestalt, aber auch etwas Symbolisches wie eine Feuerwolke oder Ähnliches sein.
Als ich mich meiner eigenen Wut über diese Methode angenähert habe, hatte sie die Gestalt eines Halbstarken. Es war ein bulliger junger Mann mit finsterem Gesichtsausdruck. Hat etwas Klischeehaftes, tut mir leid, aber so ist die Wut spontan bei mir aufgetaucht.
Diese Wutgestalt war sehr beeindruckend für mich, tatsächlich war sie sogar etwas beängstigend. Hereinlassen wollte ich den furchteinflößenden Halbstarken in mein Seelenhaus nicht. Ich wusste ja, dass es auf Dauer besser ist, mich ihm zu stellen. Deshalb habe ich versucht, mir vorzustellen, was er macht, wenn ich ihn draußen stehen lasse. In meiner Übung begann der Halbstarke draußen zu randalieren – zuerst nur vor meinem Haus, dann hat er angefangen, Passanten zu belästigen. Obwohl das alles nur in meiner Vorstellung abgelaufen ist, fand ich das schlimm. Das brachte mich aber auch zu wichtigen Erkenntnissen.
Lasse ich die Wut draußen, wird sie schlimmer und geht gegen andere, die nichts dafürkönnen. Letzteres war für mich scho-

ckierend, gleichzeitig musste ich es mir ehrlich eingestehen. Kümmere ich mich nicht um meine Wut, verletze ich andere Menschen damit. Ich bin auch heute an diesem Punkt noch eine Übende und freue mich über jeden kleinen Erfolg. Wut in etwas Konstruktives umzuwandeln, ist etwas Wunderbares. Zurück zu meiner Vorstellung vom Seelenhaus. Nachdem mich der draußen randalierende Halbstarke zu dieser wichtigen Erkenntnis gebracht hatte, war es viel leichter für mich, ihm die Tür zu öffnen. Als meine Wutgestalt hereinkam, konnte ich spüren, dass der Halbstarke dankbar war, endlich ins Haus hereinzudürfen. Dies machte es einfacher für mich, mich auf meine Wut einzulassen. Gemeinsam überlegten der Halbstarke und ich, was ihm guttun könnte. Dadurch, dass in dem Seelenhaus alles ist, was man gerade braucht, entdeckten wir einen Sportraum mit einem Boxsack. Meine Wut tobte sich an dem Boxsack aus. Obwohl auch das hier nur in meiner Vorstellung stattfand, tat es einfach gut. Beim ersten Mal beendete ich hier die Übung. Ich hatte meine Wut noch nicht komplett verstanden. Sie hatte eine wichtige Funktion in meinem Leben, die ich noch nicht erkannt hatte. Als ich also mal wieder die Wut in meinem Seelenhaus sich an dem Boxsack austoben ließ, tat sie es bis zur Erschöpfung. Da passierte die nächste große Erkenntnis für mich: Es ging um etwas viel Tieferes als die Wut. Die Wutgestalt im Sinne des Halbstarken sackte auf dem Boden zusammen und da war auf einmal ein weinendes Mädchen. Es löste sofort Mitgefühl bei mir aus. Ich setzte mich zu dem Mädchen auf den Boden und strich ihm sanft über den Rücken. Da spürte ich den Schmerz, der hinter der Wut verborgen lag – ein Schmerz aus Einsamkeit und dem Gefühl, nicht gesehen zu werden. Endlich konnte ich den Schmerz sehen. Die Wut hatte die Funktion, mich vor diesem Schmerz zu beschützen. Indem ich die Wut ernst nahm, kam ich an den Schmerz dahinter heran. Dies tat gut. So flossen nicht nur in der Vorstellung, sondern auch in echt bei mir die Tränen. Etwas Heilsames war mit mir geschehen. Heute versuche ich, mein Genervtsein und meine Wut und alles, was dazugehört, ernst zu nehmen. Erst dann kann ich zu dem dahinterstehenden Gefühl oder Thema durchdringen und es in mein Herz lassen. Dann kann ich verstehen, wie meine Wut mich vor diesem Schmerz beschützen will. Gleichzeitig komme ich mir selbst und der Liebe näher.

In diesem Zusammenhang merke ich immer wieder, wie wertschätzend meine Wut mir selbst gegenüber ist. Ich glaube, dass Wut und unser Selbstwertgefühl eng zusammenhängen. Wer ständig genervt, wütend etc. ist, hat in der Regel auch ein geringes Selbstwertgefühl. Eine Erklärung dafür ist, dass Wut oft aus Erfahrungen in der Kindheit stammt, die bedrohlich waren und unseren Wert herabgesetzt haben. Wie soll ein Kind sich auch wertgeschätzt fühlen, wenn es sich in einer (gefühlten) Bedrohung befindet? Wenn ein Kind als gesunde Reaktion Wut entwickelt, aber dafür bestraft wird, lernt es leider, dass es nicht wert ist, für sich zu kämpfen. Daraus entwickeln sich Erwachsene, die sich nicht wehren können und sich auch nicht als wertvoll empfinden.

Sich der eigenen Wut zu stellen und das dahinterstehende Thema liebevoll zu betrachten, hat also auch noch den schönen Nebeneffekt, dass es unser Selbstwertgefühl steigert.

Dazu kann auch die nächste Methode der Arbeit mit dem inneren Kind helfen.

Sich dem wütenden inneren Kind zu nähern, ist nicht immer

einfach. Wenn Du Dich darauf einlassen kannst, wirst Du eine interessante Entdeckung machen: Erinnerungen an kindliche Wutmomente sind oft Erinnerungen an Momente der Hilflosigkeit. Als Kind hilflos zu sein ist schlimm, und manchmal hat uns nur noch die Wut geholfen, damit umgehen zu können. Hilflosigkeit als Kind hat immer auch etwas Lebensbedrohliches. Hilflosigkeit und Kontrollverlust hängen stark zusammen. Wut hat uns als Kind wenigstens eine Illusion von Kontrolle gegeben. Schwierig wird es, wenn sich die Wut wie ein Kontrollverlust angefühlt hat. Das ist für uns die nächste schlimme Erfahrung. Falls Du das kennst, brauchst Du Liebe und Geduld und am besten jemanden, der Dich dabei begleitet, das aufzuarbeiten. Die negativen Konsequenzen aus diesen Erfahrungen in der Kindheit gehen in zwei Richtungen: Entweder automatisiert sich dieser Kontrollverlust. Dann entsteht ein ständig aggressives Verhalten mit immer wiederkehrenden Verlusten der Impulskontrolle. Dann werden wir zu Tätern. Oder dieser Kontrollverlust und die Wut werden so verdrängt und blockiert, dass in Notsituationen kein gesundes Abwehrverhalten mehr möglich ist. Das „riechen" andere Menschen an uns und nutzen es aus. Dann werden wir zu Opfern. Beides ist furchtbar. Bitte lasse Dir helfen, falls es Dich betrifft.

Hilflosigkeit und Wut hängen also auch oft zusammen. Diese Erkenntnis hat mich weitergebracht, indem ich jetzt weiß, ich muss mich meiner Hilflosigkeit zuwenden und darf nicht in der vordergründigen Wut stecken bleiben.
Es hilft mir zusätzlich auch sehr im Umgang mit anderen Menschen. Wenn ich in einem ewig nörgelnden, viel kritisie-

renden Menschen oder in einer wütenden Person das hilflose Kind sehen kann, kann ich manchmal leichter mit der Person umgehen und die Situation entspannt sich schneller. Das innere Kind in seiner Wut freundlich zu begleiten, kann sehr unterschiedlich ausschauen. Manchmal tut es gut, wenn das wütende Kind sich austoben darf. Oft ist ein tiefes Verstehen für das Kind und dessen Gefühle schon hilfreich. Auch das Zusprechen, dass das Kind ein Recht hat, wütend zu sein und die Wut auch zeigen darf, kann Entspannung bringen. Manch inneres wütendes Kind will im Arm gehalten werden. Auch hier darf alles sein, was eine freundliche, mitfühlende Zuwendung zum Kind und der Wut bedeutet.

Du bist es wert, dass die Not hinter Deiner Wut gesehen wird. Dafür kannst Du auch die nächste Übung ausprobieren.

F. Die Drückübung

Ein anderer Umgang, der uns bei Wut und Co. hilft, ist der körperorientierte Umgang. Die folgende Übung nenne ich die „Drückübung".[18]
Wut ist vor allem ein körperlicher Vorgang. Stresshormone und andere Stoffe werden in die Muskeln gebracht, damit wir die Kraft bekommen, unseren Angreifer niederzuringen. Das Herz schlägt schneller und der Kopf ist nur noch auf ein Ziel ausgerichtet: zu kämpfen.

Das Kämpfen kann auch mit Worten stattfinden. Bei einem Verlust der Impulskontrolle schlagen Menschen mit Worten oder dem Körper um sich. Für sie kann die Drückübung ein erster Ansatz sein, Kontrolle über ihre Wut zu bekommen.

Dem müssen noch mehrere Schritte an ehrlicher Aufarbeitung folgen, aber hier geht es erst einmal nur um den ersten Schritt. Andere Personen sind in ihrer Wut komplett blockiert. Sie bleiben handlungsunfähig und sprachlos zurück und die Welt wird zu einem zunehmenden unsicheren Ort, weil sie sich nicht wehren können. Bei dem Thema Unsicherheit und Angst habe ich schon darauf verwiesen, dass die Drückübung ein erster Schritt zur Handlungsfähigkeit ist. Die Wut kann dadurch in ein konstruktives und selbstbewusstes Verhalten umgewandelt werden.

Bevor wir zur eigentlichen Anwendung der Drückübung kommen, muss ich noch erklären, warum sie sehr effektiv sein kann. Unser Gehirn speichert Themen oder Gefühle mit bestimmten Bewegungen oder Körperhaltungen ab. Ein schon erwähntes großartiges Werk darüber ist das Buch *Body Encyclopedia – A guide to the Psychological Functions of the Muscular System* von Lisbeth Marcher und Sonja Fich (leider bisher noch nicht in deutscher Übersetzung).[19]

Als Säuglinge sind wir anfangs zu wenigen Handlungen in der Lage. Nach einiger Zeit fangen Babys an, sich mit ihren Händen und Armen vom Boden wegzudrücken und den Oberkörper anzuheben. Dies ist eine Basis, um zu krabbeln und damit ein erster wichtiger Schritt, um handlungsfähig zu werden. Gleichzeitig können Säuglinge sich damit auch von Menschen wegdrücken, die sie auf dem Arm halten. Somit beinhaltet diese Bewegung die Fähigkeit zur Abgrenzung. Unser Gehirn verbindet mit der Fähigkeit, die Hände und Arme gegen etwas drücken zu können, ein Gefühl von Handlungsfähigkeit und Abgrenzung. Dies machen wir uns zunutze, wenn wir die Drückübung anwenden.

Kommen wir zur Übung:
Sie funktioniert im Sitzen und im Stehen. Im Sitzen stelle bitte wieder beide Füße mit gutem Bodenkontakt auf; beim Stehen ist es gut, wenn die Füße hüftbreit stehen. Mit den Armen und Händen kannst Du gegen die Wand oder einen Schrank drücken, im Sitzen gegen einen Tisch oder Ähnliches. Wichtig ist eine gewisse Stabilität des „Gegenübers", damit Du Deine Wut wirklich in die Hände und Arme legen kannst. Die Arme sind fast gestreckt, mit einer kleinen Federung in den Ellenbogen. Die Übung kann ein oder mehrmals ausgeführt werden. Spüre dabei, wie sich Dein Körper anfühlt, wenn Du gegen etwas drückst. Wie ist das Gefühl in den Händen, in den Armen, im Oberkörper? Spüre genau nach und speichere es in Deinem Gedächtnis ab. Dies ist wichtig für später.

Das Schöne an dieser Übung ist zusätzlich, dass Du Deine Stresshormone in die Arme und Hände leitest, sodass sie weniger Dein Herz oder Dein Gehirn belasten. Das unbewusste Empfinden von Handlungsfähigkeit, das mit dem Drücken aktiviert wird, ist eine erleichternde Erfahrung, wenn Wut auf Hilflosigkeit basiert.

Wenn Du die Übung oft genug körperlich durchgeführt und abgespeichert hast, kann auch nur die Vorstellung eine Hilfe sein. In Deiner Vorstellung darfst Du gerne die Person oder das Thema, das Dich wütend macht, von Dir wegdrücken. Die innere Distanz, die wir dadurch erreichen, verhilft wieder zu einem klareren Kopf. Oft ist es jetzt erst möglich, Mitgefühl für sich selbst zu empfinden, weil wir nicht mehr in der Wut feststecken. So können wir uns vorstellen, wie wir jemanden oder etwas wegdrücken, müssen dadurch aber nicht die Person in der Realität angreifen. Letzteres ist wichtig zu verstehen. Je mehr wir in der Lage sind, innerlich, also in der Vorstellung, etwas oder jemanden auf Abstand zu bekommen, desto weniger aggressiv verhalten wir uns gegen die Person oder das Thema.

Wir haben erstens mit der Drückübung Stresshormone abgebaut, zweitens fühlen wir uns dem Thema oder der Person nicht mehr so hilflos ausgeliefert. Das entspannt uns und Entspannung bedeutet weniger Wut oder Aggression.

Ich kombiniere die Übungen auch gerne. Bin ich zum Beispiel gut an meine Wut durch das Seelenhaus herangekommen, spüre aber jetzt meine Hilflosigkeit, mache ich die Drückübung. Wenn ich merke, dass ich wieder handlungsfähiger geworden bin, spüre ich eine gewisse Erleichterung. Auch die Kombination der Drückübung mit dem freundlichen Blick im Spiegel ist eine interessante Erfahrung. Anfangs war das auch für mich zu gegensätzlich. Als ich es wirklich geschafft hatte, überrollte mich eine Welle von Stolz, Selbstwert und Glück. Vielleicht ist es auch für Dich einen Versuch wert.

Die Drückübung ist eine gute Basisübung für viele Gelegenheiten. Probiere Dich selbst damit aus, dann kannst Du herausfinden, worin sie Dir hilft.

Wut oder Ärger sind in der Therapie durchaus von positivem Nutzen, wenn sie Menschen helfen, aus Angst oder Erstarrung herauszukommen. Künstlich herstellen lässt sich Wut nicht, aber wenn etwas in Richtung Wut auftaucht, versuche ich, es positiv zu verstärken. Das ist immer dann sinnvoll, wenn eine Person automatisch mit Angst oder Wehrlosigkeit reagiert. Für manche Menschen ist es eine echte Wohltat, anstatt der Angst Wut zu empfinden. Das Empfinden zu haben, sich mit einer berechtigten Wut wehren zu können, ist ein echter Fortschritt. Manche Menschen nutzen Wut über sich selbst auch als positive Motivation, ein Problem anzupacken. Im Grunde ist das der beste Sinn von Wut und Aggression: Dinge voranbringen, um die Welt besser zu machen und den Himmel zu leben.

Du hast jetzt erfahren dürfen, dass das Zusammenbringen von Wut mit Liebe und Mitgefühl möglich ist. Dies wird vor allem zur Notwendigkeit, wenn wir nicht nur Wut oder Ärger, sondern Hass empfinden. Hass ist die Reaktion auf einen tiefen Schmerz, der mit Hilf- und Machtlosigkeit und sehr vielen Stresshormonen in unserem Gehirn einhergeht. Unser Herz ist dabei komplett dicht. Empathie oder Mitgefühl für unser Hassobjekt haben wir nicht – Mitgefühl für uns selbst leider auch nicht. Dies liegt an der großen Not oder dem großen Schmerz, der hinter unserem Hass liegt. Manchmal wissen wir um diesen Schmerz, oft ist uns der Zusammenhang zwischen Schmerz bzw. seelischer Not und Hass nicht einmal bewusst. Die einen leben ihren Hass offen und brutal aus, andere Personen agieren ihn (anonym) in den sozialen Medien aus. Wieder andere schämen sich dafür, dass sie so etwas wie Hass empfinden. Als Person, die dieses Buch liest, gehörst Du wahrscheinlich eher zu letzterer Gruppe. Zu begreifen, dass hinter Hass Schmerz liegt, ist ein erster Schritt im Umgang mit Hassgefühlen. Um Missverständnissen vorzubeugen, möchte ich sagen, dass der Schmerz keine billigende Rechtfertigung für das ist, was wir aus Wut oder Hass tun. Wir sind als Kinder oder Jugendliche nicht schuld für die Hassgefühle, die wir als Folge auf Schmerz entwickelt haben. Wir sind ver-

antwortlich dafür, wie wir im Laufe unseres Lebens mit unserem Hass umgehen!
Wenn der Hass kein Zuhause in unserer Liebe findet, wird er zerstörerisch. Dies muss nicht immer nach außen sichtbar sein, auch in uns versteckter Hass hat eine destruktive Wirkung. Hass geht stark einher mit Abwertung und dem Absprechen einer Existenzberechtigung. Psychologisch betrachtet versuchen wir, abzuwerten und zu vernichten, was uns schmerzt. Dies geschieht vor allem, wenn wir keine andere Möglichkeit kennen, mit dem Schmerz umzugehen.
Eine spezielle Variante des Hasses ist der Selbsthass. Leider kommt er sehr viel öfter vor, als uns bewusst ist. Es klingt für manche Menschen erschreckend, wenn ich von Selbsthass rede, aber es ist wichtig zu erkennen, wie stark unsere Selbstablehnung sein kann.
Auch Selbsthass hat nur die eine Funktion, uns vor nicht aushaltbaren Zuständen und Schmerz zu schützen. Diese Funktion zu verstehen, kann der erste Schritt sein, um mit unserem Hass und Selbsthass in Kontakt zu treten. Ich habe schon viele Argumente gehört, warum Menschen (Selbst-)Hass nicht stehen lassen wollen oder können. „Hass ist eine Sünde. Wir dürfen nicht hassen" usw. All diese Argumente zielen wieder nur darauf ab, uns von unserem Schmerz fernzuhalten. So fangen wir an, eine Endlosschleife aufzubauen. Der (Selbst-)Hass hält uns von unserem Schmerz weg und wir entfernen uns noch ein Stück weiter, indem wir den Hass auf Abstand halten.
Gerade hier wird deutlich, wie viel Mut und Stärke es erfordert, Liebe für unsere Hassgefühle zu haben.
Es wird leichter, wenn wir es einfach mal versuchen. Wenn es

etwas gibt, das Du hasst oder ablehnst, egal ob es eine andere Person, eine Situation oder etwas an Dir ist, gestehe es Dir ein.

Lass den Hass stehen, damit Du Deine Not und Deinen Schmerz dahinter entdecken kannst.

Kannst Du den Schmerz erkennen? Dann versuche, Mitgefühl für Dich zu haben. Ich weiß, wie schwer das an diesem Punkt ist. Aber Du bist nicht allein damit. Die Liebe, die um und in Dir ist, hilft Dir dabei. Allein schon die Bereitschaft aufzubringen, mit dem Hass und dem Schmerz dahinter in Kontakt zu treten, ist großartig.

Vielleicht spürst Du etwas Frieden nur durch Deine Bereitschaft. Dies kann Dir Mut machen weiterzugehen. Du hast großen Schmerz erlitten. Vielleicht kannst Du ihn noch nicht fassen, aber Du hast Dich dabei sicherlich ungeliebt und alleingelassen oder einsam gefühlt. Wäre jemand da gewesen, der Deinen Schmerz liebevoll gehalten hätte, hättest Du keinen Hass entwickelt. Jetzt kannst Du noch besser verstehen, warum Hass notwendig (= Not wendende) Liebe braucht.

Alles, was Du jetzt an Mitgefühl aufbringen kannst, ist gut. Alles, was noch nicht geht, ist trotzdem geliebt. Wenn Du gläubig bist, übergib das, was noch nicht geht, der Macht, an die Du glaubst. Die Liebe ist die größte Macht, sie heilt auch Deinen Schmerz und schenkt Deinem Hass Frieden. Dafür musst Du nicht religiös sein, Du darfst der Kraft der Liebe immer vertrauen. Egal wer Du bist und was Du empfindest, die Liebe ist mit Dir. Wenn Du schon etwas von dem Frieden gespürt hast, der entsteht, wenn Liebe in Kontakt mit Hass geht, hast Du den Himmel gesehen. Der Himmel in Dir ist möglich. Selbst bei so etwas wie Hass kannst Du es spüren

oder zumindest ahnen. Ist das nicht wunderbar?! Wenn Dir das einen Schritt weitergeholfen hat, versuche, auch noch tiefer ins Mitgefühl für den Schmerz hinter Deinem Hass zu gehen. Dieser Schmerz darf Heilung erfahren. Du sollst wissen, dass dieser Schmerz und die daraus erwachsenen Hassgefühle nicht die Wahrheit über Dich und Deine Persönlichkeit erzählen. Bei allem Schmerz, der in Dir ist, gibt es immer noch etwas Größeres, das Deinen Schmerz hält. Vielleicht hast Du das Gefühl, dass Du das in Deinem Leben nicht erfahren wirst. Vielleicht ist Dein Schmerz das Größte in Deinem Leben und lässt Dich nicht los. Ich kann das nicht beurteilen. Ich kann Dir nur sagen, dass ich Dich trotzdem liebe. Ich möchte es Dir ermöglichen, den Himmel in Deinem Leben zu erfahren. Wenn mir das nicht gelingt, sei zumindest gewiss, dass Du den Himmel erfahren wirst, wenn Du gestorben bist, und dann wird Dein Schmerz aufgehoben sein in der Liebe. Lieber ist es mir, Du erfährst den Himmel und die Liebe noch in Deinem Leben, denn das bist Du wert.
Egal wie viel Schmerz und Hass in Dir sind, Du bist es wert, den Himmel zu leben.

3. Schock, Erstarrung und Widerstand

3.1 Schock und Erstarrung

Was leider noch viel mehr als Angst oder Wut verhindert, dass wir den Himmel in uns leben, ist die Schockstarre. Bleiben wir chronisch in einer Schockstarre, haben wir ein sogenanntes Trauma.

Wir brauchen die Schockstarre. Ohne sie würden wir manche Situationen nicht überleben. Fairerweise muss man sagen, dass das Problem nicht darin besteht, dass wir in Schockzustände und Erstarrung kommen. Zum Problem wird es, wenn wir aus der Erstarrung nicht mehr herauskommen bzw. uns niemand herausholt.

Ein Schockzustand ist ein unglaublich komplexes Geschehen und für genauere Details muss ich auf entsprechende Literatur verweisen.[20] Ich möchte hier einige Punkte erwähnen, die für das weitere Verständnis wichtig sind.

An einer Schockstarre ist alles beteiligt: Nervensystem, Hormonsystem, Muskulatur, Organe, Blutgefäße usw. bis hin zu den Zellen und dort bis in die DNA. Ein Schockzustand beeinflusst Körper, Geist und Seele. Je früher im Leben und je stärker er verlaufen ist, desto mehr prägt er uns. Er prägt uns, weil es zu einer Abspeicherung von Informationen kommt.

Ich empfinde einen Schockzustand, als wenn man die Stopp-/Pause-Taste gedrückt hätte. Stell Dir vor, Du schaust einen Film und bei einer besonders bedrohlichen Situation hältst Du den Film an. Dein Bildschirm zeigt dann nur noch diese Situation. So bleibt eben auch unser Gehirn im Schock stehen. Alles, was wir in diesem Moment denken und fühlen, alle körperlichen Reaktionen bleiben in diesem Moment stecken, das heißt, wir speichern sie ab. Wir merken das in der Regel nicht, weil wir abgespalten sind. Abgespalten heißt, dass wir keine oder nur wenig Selbstwahrnehmung haben. Die im Gehirn zuständigen Bereiche, die uns uns selbst wahrnehmen lassen und das Gefühl geben, im Hier und Jetzt zu sein, werden heruntergefahren. Trotzdem prägen sich die ab-

gespeicherten Informationen stark ein, weil wir sie in einer (lebens-)bedrohlichen Situation erlebt haben. Unser System will uns durch das Speichern der Informationen helfen, dass wir beim nächsten Mal die Situation besser überstehen. Damit dies möglich ist, müssen uns diese Informationen zugänglich sein. Das sind sie aber nur bedingt, weil wir durch den Mechanismus der Abspaltung nicht bewusst an diese Informationen herankommen. Dadurch haben wir keine Möglichkeit, den Schock zu verarbeiten, das heißt, den Film weiterlaufen zu lassen. Manchmal hat der Film sogar ein Happy End, aber das sehen wir nicht, weil wir im Schockzustand feststecken.
Es entsteht ein Zustand wie ein Knoten. Die Informationen sollen uns helfen, aber gleichzeitig von unserem Bewusstsein weggehalten werden, weil sie in einem Moment entstanden sind, den wir als unaushaltbar erlebt haben. Indem sie weggehalten werden, ist uns eine konstruktive Verarbeitung des Schocks nur schwer möglich. Um uns trotzdem zu schützen, speichern wir diese Informationen in Gehirnarealen ab, die uns bewusst nicht zugänglich sind. Sobald etwas passiert, das uns an die bedrohliche Situation erinnert, werden diese Informationen wieder abgerufen und wir erleben erneut einen Schockzustand. Da dies oft nicht bewusst abläuft, verstehen wir nicht, warum wir auf einmal erstarren.
Dieses Erstarren kann sehr vielfältig sein. Da kann jemand tatsächlich körperlich erstarren und sich nicht mehr von der Stelle rühren, wenn ein Hund auf ihn zurast, der (unbewusst) an den Hund erinnert, der ihm als kleines Kind Angst gemacht hat. Eine andere Person verstummt, weil ihr Gegenüber aus Stress eine laute Stimme bekommt und sie dies (unbewusst) an ihren Vater erinnert, der unter Alkohol herumgeschrien hat.

Manche Menschen bringen eine wichtige schriftliche Arbeit nicht zu Ende, weil sie sich unbewusst davor schützen, wieder so heruntergemacht zu werden, wie sie es bei einer schlechten Note in der Schule von Lehrern oder Eltern erlebt haben. Wieder andere Personen sind gegenüber Vorgesetzten höflich-unterwürfig und sagen zu keiner Anfrage Nein, weil ihre strengen Eltern sie unbewusst in eine chronische Erstarrung gegenüber Autoritäten versetzt haben. Eine Schockstarre kann die unterschiedlichsten Formen annehmen, von denen manche offensichtlich sind. Bei anderen Formen von Erstarrung fällt es uns dagegen schwer, sie zu erkennen.

Ein Sinn des Schockzustandes ist es, uns „unsichtbar" oder nicht bemerkbar werden zu lassen. Noch einmal kurz zu Erinnerung: Der Schockzustand entstand unter anderem als Schutzmechanismus vor Fressfeinden. Nimmt der Jäger, ein Bär oder Hai, das Beutetier nicht wahr, tötet und frisst er es auch nicht. Wir Menschen werden eher selten Beute von wilden Tieren; trotzdem haben wir evolutionsbiologisch alles mitbekommen, was uns vor Jägern und Fressfeinden schützen soll. So reagiert auch in anderen bedrohlichen Situationen unser System immer noch so, als wären wir ein bedrohtes Beutetier.

Zum Unsichtbarmachen gehört nicht nur, dass wir uns nicht mehr bewegen, also erstarren, so flach wie möglich atmen und keinen Laut mehr von uns geben. Sondern es gehört auch ein Herunterfahren unserer physikalischen Signalgeber dazu. Elektromagnetische Felder wie das des Herzens sind auch Signale für Lebendigkeit. So werden sie genauso heruntergefahren, damit wir am Ende bestmöglich überleben können.

Von Haien, aber auch anderen Raubfischen ist bekannt, dass

sie einen sogenannten Elektrosinn haben. Damit können sie elektromagnetische Felder wahrnehmen. Tintenfische wiederum fahren ihre elektromagnetischen Felder in einer Art Schockstarre bzw. Totstellreflex herunter. Dadurch erkennen Haie sie seltener.[21] Ich kenne bisher keine Untersuchung, die das bei uns Menschen bestätigt, aber das wird noch kommen.

Als elektromagnetisches Feld wird dann nicht nur das Gehirn in bestimmten Arealen „schlafen gelegt", sondern leider auch unser Herz „dicht gemacht". Damit sind Liebe und Mitgefühl automatisch heruntergefahren. Wir werden also nicht nur lebloser, sondern tatsächlich auch liebloser, damit wir für unsere Feinde weniger sichtbar sind. Dies ist für diesen Moment sehr schlau von unserem System. Würden wir aus diesem Zustand schnell wieder herauskommen, wenn die Bedrohung vorbei ist, wäre alles in Ordnung. Schlimme Erfahrungen von Bedrohung und Schmerz führen, wenn sie mit Ausweglosigkeit, Ausgeliefertsein, Ohnmacht und ähnlichen Zuständen einhergehen, aber dazu, dass wir in der Schockstarre stecken bleiben. Damit bleibt auch unser Herz zu und wir sind nicht mehr offen, weder für uns selbst noch für andere. Unser Licht leuchtet nicht mehr und wir befinden uns in einer seelischen Dunkelheit, die sich zum Beispiel als depressive Symptome, Gier nach Macht und Geld auf Kosten anderer oder chronische Hassgefühle wie Rassismus zeigt. Deshalb ist es so wichtig, dass wir uns aus dem chronischen Schockzustand wieder lösen. Um aus einem Schockzustand herauszukommen, braucht es Sicherheit und jemanden, der mit uns fühlt.

Sitzt ein Schock so tief und fest, dass er zu einem Trauma geworden ist, müssen wir lernen, wie wir das Trauma verarbeiten können. Ich gebe zu, dass das keine leichte Arbeit ist. Es braucht Mut und Ausdauer dafür, aber es lohnt sich. Es hilft nicht nur, dass es uns besser geht – es macht uns zu besseren, liebevolleren Menschen.

Es gibt inzwischen unterschiedliche Möglichkeiten, Menschen mit Traumatisierungen aus Schock und Erstarrung herauszuhelfen. Nicht alle benennen dabei den Aspekt Liebe, Mitgefühl, Wertschätzung usw. als einen Teil der Methode. Interessanterweise bringt jede gute Methode der Traumatherapie den Menschen wieder näher zu sich.

Kein Buch kann eine Traumatherapie ersetzen. Ich möchte hier aber kurz auf die Möglichkeiten eingehen: Einige der hier erwähnten Autoren oder Bücher können hilfreich sein. Es gibt inzwischen noch mehr hilfreiche Bücher auf dem Markt, zum Beispiel die schon erwähnten zum Vagusnerv oder Nervus vagus. Sie gehen zurück auf die Polyvagal-Theorie von Stephen W. Porges. Hier kann man sich wichtige Dinge erlesen und auch Anleitungen und Übungen finden, die psychisch helfen können.

Körperorientierte Verfahren lassen sich zum Beispiel bei Peter A. Levine finden *(Vom Trauma befreien)*. Auch die Bücher von Claudia Croos-Müller geben gute Erklärungen und Übungen, wie wir auf Trauma-Symptome reagieren können *(Nur Mut!, Kopf hoch)*.

Ein inzwischen bewährtes Verfahren ist EMDR, das man besser mit einem professionellen Gegenüber wie einem Arzt oder einer Therapeutin durchführt. Methoden bzw. Übungen aus dem Bereich der Herzintelligenz® bieten auch eine gute Möglichkeit, sich etwas Gutes zu tun (zum Beispiel Dr. Susanne Marx mit dem Buch *Herzintelligenz® kompakt*).

Außerdem bieten Autorinnen wie Dami Charf, Kati Bohnet oder Verena König nicht nur Literatur und Podcasts, sondern gute Möglichkeiten zum Verstehen und Üben online an. Sicherlich gibt es noch einige mehr zu erwähnen, und ich bitte zu entschuldigen, wenn ich jemand Wichtigen hier nicht genannt habe.

Ich möchte hier noch einen Schritt weitergehen, auch wenn ich weiß, wie schwierig es sein kann, auf einen Schockzustand mit Liebe oder Mitgefühl zu reagieren. Die Liebe in einen Schockzustand zu bringen, ist so schwierig, weil der Schockzustand die Liebe abschaltet. Dafür wird, wie schon erwähnt, das Herzfeld heruntergefahren und der ventrale Vagusnerv wird in seiner Arbeit eingeschränkt. Daher kann es anfangs wichtig sein, die Hilfe eines anderen Menschen dazuzunehmen. Die Liebe oder das echte Mitgefühl der anderen Person bringt Entspannung in unser Nervensystem. Nimmt eine andere Person uns in das elektromagnetische Feld ihres Herzens mit hinein, regt dies das elektromagnetische Feld unseres Herzens an. Der Teil des Vagusnervs, der für Entspannung zuständig ist, wird durch das Mitgefühl und die Herzenswärme des Gegenübers aktiviert.
Leider haben wir nicht immer einen Menschen um uns, der in der Lage ist, liebevoll auf unseren Schockzustand einzugehen. Viele Menschen werden hilflos, wenn sie das Leid eines anderen Menschen wahrnehmen, und das blockiert oft ihr Mitgefühl. Manchmal haben wir außerdem keinen Menschen in unserer Nähe und sind so unseren Schockzuständen al-

lein ausgeliefert. Daher ist es wichtig, dass wir selbst lernen, Liebe und Mitgefühl in unsere Schockzustände zu bringen. Für manche klingt es schwierig, für andere sogar unmöglich. Aber wir können es. Die Fähigkeit dazu ist uns mitgegeben, sie ist in unserer DNA verankert. Könnten wir das nicht, wäre die Menschheit schon längst ausgestorben.

Der Himmel ist uns eingepflanzt. Er liegt in der Fähigkeit unserer DNA, aus Energie Materie zu formen. Der Himmel liegt im elektromagnetischen Feld unseres Herzens und im Vagusnerv. Der Himmel ist kein religiöses, esoterisches oder mystisches Gefasel. Der Himmel steckt in unserer Biologie, in den chemisch-physikalischen Abläufen unseres Körpers und in unserer Seele. Es ist möglich, Schockzuständen mit Liebe zu begegnen, weil wir dazu veranlagt sind.

In meiner Arbeit begegne ich vielen wunderbaren Menschen. Menschen, die durch die Hölle gegangen sind und trotzdem fürsorglich, mitfühlend, liebevoll sind. Es gibt Menschen, die kaum Liebe erlebt haben und trotzdem ein großes, offenes Herz haben.

Wir haben eine Kraft in uns, die in der Lage ist, sich dem Leid liebevoll zu nähern. Diese Kraft stellt eine Beziehung zu dem leidenden Gegenüber her. In Beziehungen zu jemandem zu treten heißt „Ich nehme Dich wahr, ich verstehe Dich, ich fühle mit Dir – Du darfst Du sein". So geben wir einem Gegenüber Resonanz. Der Mensch braucht Resonanz, vor allem in Leid und Schmerz. Wunderbar ist es, wenn die Resonanz von einer anderen Person kommt. Es ist gut zu wissen, dass wir uns selbst auch Resonanz geben können. Wir sind in der Lage, eine Beziehung zu uns selbst herzustellen. Darüber hinaus können wir lernen, sogar in Schockzuständen eine liebe-

volle Beziehung zu uns selbst aufzubauen.
Im Laufe des Buches hast Du schon verschiedene Methoden kennengelernt. Ich möchte anhand des Themas Mitgefühl die grundsätzliche Haltung gegenüber Schockreaktionen aufzeigen: Mitgefühl kann ich prinzipiell für jede Schockreaktion haben. Zu Schockreaktionen können starke Emotionen genauso gehören wie eine Gefühlsleere oder Taubheit. Der Körper kann sich schwer, leer, taub, erstarrt, aber gleichzeitig auch unruhig anfühlen. Die Gedanken können rasen oder der Kopf ist leer – oder beides ist irgendwie gleichzeitig vorhanden. Uns können die Worte fehlen, wir sind vielleicht nur noch fassungslos oder ganz weit weg. Manche Menschen fühlen sich wie in einem Tunnel, andere, als ob sie schweben. Wir können in Tränen ausbrechen, hysterisch werden oder so ruhig wirken, dass andere meinen, mit uns ist alles in Ordnung. Vielleicht werden wir völlig handlungsunfähig und starren nur vor uns hin. Vielleicht funktionieren wir einfach nur noch und sind trotzdem in einem Schockzustand.
Nichts davon ist falsch, es sind einfach Reaktionen.
Am Ende mag es unterschiedliche Strategien geben, die uns aus den verschiedenen Schockreaktionen heraushelfen. Am Anfang darf immer Mitgefühl stehen.

Die oben besprochenen Methoden des Seelenhauses oder des inneren Kindes können auch bei Schockzuständen angewendet werden. Statt Wut oder Angst nimmst Du die Erstarrung oder das geschockte Kind her und baust zu ihm einen liebevollen Kontakt auf. Erwarte keine Lösung, sondern gehe auch hier einfach nur liebevoll auf Deinen geschockten Anteil zu.

Dies braucht aber schon einiges an Übung, und daher ist es gut, wenn Du diese Methoden schon mit anderen unangenehmen Gefühlen oder Zuständen erfolgreich geübt hast. Eine gute Möglichkeit ist es, die Erstarrung fühlbar darzustellen. So kann ich zum Beispiel ein jüngeres Ich von mir sehen, das eine erstarrte Körperhaltung und/oder einen solchen Gesichtsausdruck hat. Diesem erstarrten Ich nähere ich mich behutsam. Vielleicht geht ein vorsichtiger, liebevoller Blickkontakt, aber er muss nicht erzwungen werden.

G. Sich ins selbe Boot setzen

Wenn Du Dich hilflos mit Deinem Schockzustand fühlst, hilft ein kleiner Trick. Ein Schockzustand soll immer dazu verhelfen, Dich von Dir selbst zu entfernen. Versuche nicht zwanghaft, gegen diese Abspaltung anzugehen, denn dann erzeugst Du nur Stresshormone, die Dich weiter in den Schockzustand hineindrücken. Sondern gehe mit Deinen Symptomen mit. Ich nenne das gerne: Setze Dich ins selbe Boot. Wenn Du das Gefühl hast zu schweben, dann schwebe ganz bewusst. Stehst Du gefühlt neben Dir, dann stell Dich bewusst neben Dich, indem Du zum Beispiel ein inneres Bild kreierst, wie Deine Seele im Abstand zu Deinem Körper steht. Fühlst Du Dich ganz zusammengezogen wie in einem Schneckenhaus, dann ziehe Dich zusammen. Immer wenn Du mit Deinem Schockzustand mitgehst, zeigst Du ihm: Ich bin bei Dir. Du gehst in Kontakt mit Deinem Schockzustand und das tut Dir gut. Das ist schon ein erster Schritt zum Mitgefühl. Gleichzeitig zeigst Du Dir selbst, dass Du Deinen Schockzustand aushältst, sonst würdest Du ja nicht einfach mit ihm mitgehen können. Mit dem erstarrten Ich auszuhalten, ist für den Anfang schon das Wichtigste. Es darf kein Druck erzeugt werden. Hier ist oft Geduld gefordert, aber wer sie aufbringt, wird belohnt. Zu merken, wie erstarrte Anteile sich öffnen, ist eine wohltuende und berührende Erfahrung. Unter Umständen kommt ein Schmerz an die Oberfläche, der auch wieder ein liebevolles Halten braucht. Manchmal fließen Tränen, manchmal ist es jetzt erst verstehbar, warum wir erstarren mussten.

Diese Übung lässt sich gut mit der Arbeit mit dem inneren Kind anwenden. Ist das Kind zum Beispiel ohnmächtig erstarrt, stell Dir vor, wie Du mit dem Kind in einem Boot, einem Raum oder Ähnliches bist. Du bist in dem gleichen Zustand wie das Kind, das heißt, Du musst dem Kind nicht aus seiner Situation heraushelfen, sondern Dir geht es ganz genauso. Auch wenn das paradox klingt, ist es entspannend. Erstens musst Du nicht krampfhaft das Kind aus seiner Zwangslage befreien, was Dir auf die Schnelle auch nicht gelingen wird. Zweitens ist ein viel authentischerer Kontakt möglich, wenn Du in dem gleichen Zustand wie das Kind bist, denn so spiegelst Du ein tiefes Verstehen. Das schockerstarrte Kind merkt dann, dass Du wirklich Verständnis hast, wenn Du zum Beispiel die gleiche Körpersprache einnimmst. Und zuletzt spielt das Gerade schon erwähnte Aushalten hier eine wichtige Rolle. Unsere schockerstarrten Anteile haben ein tiefes Gespür dafür, ob wir sie ständig auflösen, loshaben, transformieren usw. wollen. Dies kann unter Umständen eine negative Botschaft mit sich bringen: „Ich will den Schockzustand lösen oder transformieren, weil ich ihn nicht aushalte." Gehe ich stattdessen mit dem Kind in den Zustand hinein, zeige ich ein tiefes Verstehen für den notwendigen Schutz, den der Schockzustand bezwecken wollte. Dies erleichtert unser Gehirn, denn dann erhält es die Botschaft, etwas Sinnvolles getan zu haben. Darüber hinaus gebe ich etwas Unaushaltbarem einen Halt. Ich muss mich nicht auf den unaushaltbaren Auslöser wie die Gewalterfahrung, die Demütigung, den Unfall oder Ähnliches konzentrieren – ich schaue nur auf die Reaktion, die mein System hervorgebracht hat. Mit dieser Reaktion gehe ich mit und halte sie damit liebevoll aus. Mich mit meiner Reaktion, der Erstarrung ins selbe Boot zu setzen, ist nicht immer einfach, aber tatsächlich effektiv. Allerdings solltest Du dies erst tun, wenn Du schon gute Erfahrung und Übung mit dem Selbstmitgefühl hast oder wenn Dir jemand dabei hilft.

Das eigentlich Schwierige kommt in der Regel nämlich erst danach, wenn Dein Schmerz an die Oberfläche kommt. Hier tut es gut, eine professionelle Kraft oder einen liebevollen Menschen um sich zu haben, der Dich in Deinem Schmerz aushält. Falls das nicht möglich ist, greife auf die Basics zurück. Spüre den Boden unter Deinen Füßen, lege Deine Hand aufs Herz, atme lang aus, schenke Dir den liebevollen Blick oder mache die Herz-zu-Herz-Verbindung.

Kein Mensch fühlt sich in einem Schockzustand wohl. Vermeintlich kluge Ratschläge anderer Leute helfen nicht weiter, Unverständnis erst recht nicht und doch sind dies sehr häufig die Reaktionen von Mitmenschen. Oft resultieren sie aus Hilflosigkeit. Viele Menschen fühlen sich überfordert, wenn sie eine andere Person in einem offensichtlichen Schockzustand erleben. Sie möchten die Situation so schnell wie möglich lösen oder verlassen. Ehrlich gesagt kann ich das verstehen, doch leider hilft es denen, die Hilfe brauchen, nicht. Einen anderen Menschen in einem Schockzustand auszuhalten gelingt, wenn wir uns selbst in einem Schockzustand mitfühlend aushalten können. Mitgefühl verhilft zu einer positiven, liebevollen Distanz zum Geschehen. Wir versinken dann nicht in der Reaktion, sondern können sie ohne Bewertung betrachten. Ein starkes elektromagnetisches Feld des Herzens nimmt den unter Schock stehenden Menschen oder den Anteil von uns selbst mit hinein in das Herzfeld und schenkt damit eine Ahnung von Geborgenheit. Die Schwingung eines mitfühlenden Herzens entfaltet eine Wirkung bis hin zur Zellebene und zur DNA. Die Zelle gelangt wieder zu ihrer gesunden Funktionsweise zurück. Blutgefäße und Muskeln werden wieder entspannter, Hormondrüsen, die Glückshormone wie Oxytocin oder Serotonin erzeugen, werden angeregt und abgeschaltete Hirnareale werden wieder aktiviert.

Bei akuten Schockzuständen habe ich diese Wirkung schon innerhalb von Minuten gesehen. Bei tiefsitzenden Traumatisierungen dauert es deutlich länger.

Ich habe eine große Liebe für Traumatisierungen und ich möchte Dir diese Liebe gern anbieten. Wenn Du dieses Buch liest, hast Du sicherlich den einen oder anderen Schmerz in Deinem Leben erlitten. Es gibt eine große Kraft in dieser Welt, die Deinen Schmerz liebevoll hält. Dieses Halten bietet dem Schmerz Geborgenheit und die Möglichkeit zur Heilung. Das heißt nicht, dass sich der Schmerz deshalb in Luft auflöst. Es heißt aber, dass Dein Schmerz ein Zuhause finden kann und dadurch nicht mehr eine so große, negative Rolle in Deinem Leben spielt.

Folgende Vorstellung kann Dir eine Ahnung davon geben: Versuche, an jemanden oder etwas zu denken, das Dir schon mal ein Gefühl von Liebe, Geborgenheit oder Verständnis gegeben hat. Das kann eine Person oder Gott oder ein Engel, ein Tier, die Natur oder etwas anderes sein.

Wenn Dir nichts einfällt, versuche es mit einem Symbol wie einem Herzen, einer Blume, Licht etc.

Falls Du Dich auch damit schwertust, versuche, mich in diesem Buch als ein liebevolles Gegenüber wahrzunehmen.

Egal was oder wer es ist, vertraue in Deiner Vorstellung Deinen Schmerz diesem Gegenüber an. Dabei kannst Du von Deinem Schmerz erzählen, aber Du kannst es auch ohne Worte tun. Das Feld der Liebe wird auf Deinen Schmerz reagieren. Die Liebe kann Dich behutsam in den Arm nehmen oder Dir zeigen „Ich bin da, ich verstehe Dich". Die Liebe kann Dir Deinen Schmerz nicht abnehmen, aber sie gibt Dir die Kraft, besser mit Deinem Schmerz zu leben. Die Liebe kümmert sich gerne um Deinen Schmerz, sie findet, dass er genauso liebenswert ist, wie Du liebenswert bist. Dein Schmerz ist aufgehoben in etwas Größerem.

Je mehr Du Liebe und Mitgefühl für Dich und andere hast, je mehr Du Dich der Liebe, also der stärksten Kraft in unserem Leben, anvertraust, desto mehr spürst Du, dass dieses Größere ein Teil von Dir ist. Das ist der Himmel. Vertraue Dich der Liebe an, Stück für Stück. Wenn wir von Schmerz reden, möchtest Du vielleicht einwenden, dass der Himmel doch ein Ort sein soll, an dem es keinen Schmerz oder sonstiges Leid mehr gibt. Wenn Du tot bist, wird es auch genau das für Dich

sein. Solange Du lebst, ist der Himmel diese Kraft, die dem Leid der Welt ein Zuhause gibt. Solange wir leben, verkörpern wir den Himmel.
In unserem Leben erfahren wir viel Leid und Schmerz. Diese schmerzhaften Erfahrungen lassen uns den Himmel in uns nicht spüren. Durch unsere Ablehnung dem Schmerz und uns selbst gegenüber unterliegen wir dem Denkfehler, dass der Himmel etwas Jenseitiges sein muss. Wenn wir uns selbst mit unserem Schmerz in die Liebe hineinnehmen, können wir den Himmel in uns erkennen. Dann wird der Himmel etwas Diesseitiges.
Eine Möglichkeit, dies nicht nur als schöne Worte, sondern als eine echte Erfahrung zu erleben, ist die folgende Übung:

H. Die Herz-zu-Herz-Verbindung

Eine weitere Möglichkeit, auf einen Schockzustand zu reagieren, ist die Herz-zu-Herz-Verbindung.
Stelle als Erstes Bodenkontakt her. Beginne dann die Übung mit einem Menschen, Tier oder etwas anderem, das Du sehr gerne magst oder liebst. Ich nenne es das positive Gegenüber. Fokussiere Dich einfach auf die Verbindung zwischen Euch beiden, bis Du etwas Entspannung oder eine Art Wohlgefühl erlebst. Nimm dieses Gefühl bewusst wahr. Immer wenn Du in Verbindung mit jemandem oder etwas bist, das Du liebst, hast Du eine Verbindung von Herz zu Herz. Es kann guttun, sich diese Verbindung bildlich vorzustellen, wie ein warmes Licht, das von Deinem Herzen zum Herzen des geliebten oder liebevollen Gegenübers fließt. Um es besser spürbar zu ma-

chen, kannst Du Dir selbst die Hand oder beide Hände auf Deine Herzgegend legen, wie Du es von der Übung *Hand aufs Herz* kennst.
Jetzt wechselst Du zu einem anderen Gegenüber: Deinem Schockzustand.
Du kannst Deinen Schockzustand in einem jüngeren oder einem gleich alten Ich von Dir sehen. Du kannst ihn Dir auch als eine Gestalt oder ein Tier vorstellen. Wichtig ist nur, dass Dir jetzt Dein Schockzustand, Dein Schmerz oder Deine Verletzung in der Vorstellung gegenübersteht oder -sitzt. Versuche jetzt auch hier, die Herz-zu-Herz-Verbindung aufzubauen. Mach Dir dabei keinen Druck. Das kann auf Anhieb gelingen, aber wahrscheinlich wird es das nicht. Falls es noch zu schwierig ist, zu Deinem Schockzustand oder Schmerz die Herz-zu-Herz-Verbindung herzustellen, stelle Dir erst wieder das positive Gegenüber vor, das Du gerne magst. Mit diesem positiven Gegenüber wird es wieder leichter, die Herz-zu-Herz-Verbindung herzustellen. Mache das so lange, bis sich wieder ein angenehmeres Gefühl einstellt.
Jetzt versuche es noch einmal mit Deinem schmerzhaften, geschockten Gegenüber. Es könnte jetzt etwas besser gelingen. Ist es immer noch sehr schwer, mache Dir bewusst, dass ich oder eine andere liebevolle Kraft Dir helfen. Die Liebe und ich sind da für Dich. Wir halten Deinen Schmerz liebevoll mit aus. Du bist nicht allein damit.
Wenn Du magst, wechsele noch mal zu Deinem positiven Gegenüber. Hier gelingt Dir wieder die Herz-zu-Herz-Verbindung. Lass Dir Zeit dafür, es ist alles gut, so wie Du es machst. Wenn Du zur Entspannung oder dem Wohlgefühl gelangt bist, wende Dich dem schmerzhaften Gegenüber zu.

Du kannst so oft zwischen den beiden hin- und herpendeln, wie Du willst. Wichtig dabei ist, dass Du immer zuerst die Erfahrung der Entspannung mit dem liebevollen Gegenüber brauchst, bevor Du Dich dem Schockzustand zuwendest. Mit der Zeit wird es leichter.

Wenn es jetzt möglich ist, eine (kleine) Herz-zu-Herz-Verbindung zu Deinem schmerzhaften, geschockten Gegenüber aufzubauen, nimm wahr, wie es Deinem Gegenüber damit geht. Vielleicht wirkt es etwas weicher oder erleichtert oder irgendwie entspannter. Vielleicht hat sich die Haltung oder eine Farbe an Deinem schmerzhaften Gegenüber verändert oder etwas anderes. Egal was es ist, Deinem Schockzustand geht es etwas oder vielleicht sogar deutlich besser. Auch wenn es nur eine kleine Verbesserung oder Erleichterung ist, nimm sie bitte bewusst wahr. Diese Erleichterung Deines Schocks und Schmerzes hast Du mit Deiner Liebe bewirkt.

Je öfter Du die Herz-zu-Herz-Verbindung zu Deinem Schockzustand herstellst, desto mehr kommt Dein Schmerz in die Heilung. Gleichzeitig übst Du damit, Dein Herz größer zu machen, das heißt, Du intensivierst die Wirkung des elektromagnetischen Feldes Deines Herzens. Damit tust Du Deinem ganzen Körper etwas Gutes.

Du kannst an Deinem Schock, an Deiner Erstarrung und an Deinem Schmerz allein durch Liebe, Mitgefühl und Zuwendung etwas zum Positiven hin verändern.

So bist Du ein Bote der Liebe und damit ein Bote des Himmels.

3.2 Widerstand

Wenn wir von Schmerz, Schock und Erstarrung sprechen, müssen wir uns noch einem anderen, sehr wichtigen Thema zuwenden: Widerstand. Widerstand heißt, dass wir ein Gefühl nicht fühlen wollen/ können. Widerstand kann sich auch darin zeigen, dass wir kein Mitgefühl für etwas aufbringen können. Wie schon oft in diesem Buch erwähnt, beinhaltet auch der Widerstand eine wichtige Schutzfunktion. Wenn stressreiche Gefühle wie Angst, Hilflosigkeit, Verzweiflung oder Wut zu überwältigend für uns sind, ist es gut, dass wir diese Gefühle abblocken können. Dieses Abblocken ist ein Teil der Schockstarre. Es hilft, dass wir, wie das kleine Häschen, nicht aus lauter Angst aufspringen und wegrennen, wenn es sicherer ist, in der Erstarrung zu bleiben. Außerdem hält es die Ausschüttung der Stresshormone auf einem Level, der für unser Herz gut zu bewältigen ist. So gesehen ist das Runterfahren unserer Gefühle kein Problem. Eine Traumatisierung, die ein Steckenbleiben im Schockzustand mit sich bringt, macht daraus einen dauerhaften Widerstand gegen unsere Gefühle. Haben wir die Traumatisierung in sehr jungen Jahren erlebt, in denen sich unsere Gehirnstrukturen erst noch festigen, wird es wieder zu einem Denk- und Fühlmuster. Diese Widerstandsmuster bestimmen uns in unserem Leben als einzelne Person mehr, als uns lieb ist. Zusätzlich wurden sie über die Menschheitsgeschichte hinweg zu Erziehungsmethoden, die von Generation zu Generation weitervermittelt werden. Mit den entsprechenden Erziehungsmethoden werden die Muster und Widerstände bestätigt und damit gefestigt. Die Jungen müssen sich anhören, dass „ein Indianer keinen Schmerz kennt", und ein Mädchen darf nicht wütend sein. Es ist auch bei uns noch gar nicht lange her, dass in einer „guten" Erziehung der Wille eines Kindes gebrochen werden musste. Dass ein Kind das Recht hat, seine Gefühle zu spüren und auszudrücken, war damit nicht gegeben.

Sexualisierte Gewalt und auch andere Formen von Gewalt führen durch ihr großes Ausmaß an Traumatisierung automatisch zu einer Unterdrückung von Gefühlen. So wurden wir zu einer Gesellschaft, die sich schwertut, auf Gefühle adäquat zu reagieren. Widerstand gegen Gefühle und Leid ist damit sowohl ein individuelles wie auch ein gesellschaftliches Phänomen. Dies führt zu einer Art Legitimation des Widerstands. Kein Wunder, dass wir Menschen uns so schwertun zu erkennen, dass wir einen Widerstand gegen Leid und Gefühle haben, der uns nicht guttut.

Widerstand gegen unsere eigenen Gefühle, vor allem gegen unsere schmerzhaften, zeigt sich in unterschiedlichen Formen. Wir können Gefühle durch viele legale und illegale Substanzen überdecken. Auch die verschiedenen Medien bieten eine gut funktionierende Ablenkung von Gefühlen an. Dies ist auch legitim, wenn wir es mit unseren Gefühlen nicht aushalten können. Schwierig wird es, wenn wir es immer wieder tun. Der ständige Widerstand gegen unsere schmerzhaften Gefühle blockiert viele Menschen darin, ihre Gefühle bzw. Traumatisierungen zu verarbeiten. Dies zeigt sich bei manchen Menschen darin, eine Vielzahl von Argumenten gegen eine Beratung oder Psychotherapie ins Feld zu führen. Selbst wenn Angehörige oder nahestehende Menschen inständig darum bitten, sich helfen zu lassen, kann der Widerstand zu groß sein. Leider bleiben diese Menschen nicht nur selbst in ihrem Leid stecken, sondern belasten damit auch ihre Familien. Sind Menschen doch bereit, sich einem therapeutischen Prozess zu öffnen, stoßen sie dort mehr als einmal auf Widerstand gegen ihre eigenen (schmerzhaften) Gefühle und Zustände.

Das Wichtigste beim Umgang mit Widerständen ist, sie nicht zu bekämpfen! Der Widerstand gegen das schmerzhafte Gefühl hatte zum Zeitpunkt der Schockstarre Sinn. Unser Gehirn hält erst recht an diesem Sinn fest, wenn wir den Widerstand loshaben wollen. Wir können gut mit einem Widerstand zurechtkommen, wenn er da sein darf. Wenn unser Nervensystem merkt, dass wir den Sinn des Widerstands anerkennen, werden wir entspannter und offener.

Im therapeutischen Prozess zeigt sich Widerstand oft als Angst vor den eigenen Gefühlen und inneren Zuständen. Es ist die Angst vor der Angst oder der Ärger über unsere Wut. In der Therapie klingt Widerstand so: „Das bringt doch eh nichts", „Warum soll ich das tun?", „Das langweilt mich alles" usw. Manchmal ist der Widerstand eines Klienten so dominant, dass ich selbst in Widerstand rutsche. Dann bin ich genervt, weil mein Gegenüber genervt ist. Inzwischen weiß ich aber, dass ich von meinem Gegenüber nicht erwarten kann, den Widerstand aufzugeben. Ich bin darin nicht immer gut und versuche dann, bei mir anzusetzen. Wenn ich meinen Widerstand gegen den Widerstand meines Gegenübers dalassen kann, indem ich mir Mitgefühl schenke, wird es leichter. Dann gebe ich automatisch dem Widerstand meines Gegenübers Raum und kann authentisch Mitgefühl und ein offenes Herz anbieten.

Widerstand ist ein Zeichen für dahinterstehende Not und Schmerz. Dies zu verstehen hilft, ihm genauso liebevoll zu begegnen wie allen anderen Zuständen.

Damit es für Dich greifbarer wird, versuchen wir es wieder einmal praktisch.

Vielleicht ist Dir beim Lesen dieses Buches schon mal ein Gefühl begegnet wie „Was soll das alles?", „Klingt ja in der Theorie gut, aber in der Praxis funktioniert das sowieso nicht", „Ständig dieses Gelabere von Liebe und Mitgefühl, das nervt", „Die Autorin hat einen Knall, erzählt was vom Himmel" oder Ähnliches.

Das ist wunderbar. Genau das sollst und darfst Du fühlen. Dein Widerstand gegen Aussagen in diesem Buch will Dich beschützen. Weil Dein Widerstand damit für etwas Wertvolles – nämlich für Dich – eintritt, ist er etwas Gutes.

Dein Widerstand wird genauso geliebt wie Dein Schmerz.

Alles in Dir darf ein Zuhause im Himmel finden. Dann findet der Himmel ein Zuhause in Dir.

Wenn Du also versuchst, Liebe oder Mitgefühl für eines Deiner Gefühle zu empfinden, und es funktioniert nicht, dann mach Dir keinen Druck. Sei freundlich zu dem Umstand, dass es nicht funktioniert. Lass den Widerstand gegen das Gefühl oder gegen die Liebe für das Gefühl einfach nur da. Wenn Du merkst, dass Du entspannter bist, kannst Du Dich noch einmal Deinem Gefühl zuwenden. Vielleicht ist es jetzt schon leichter geworden.

Manchmal ist es auch möglich, dem Widerstand ein Bild oder Symbol zu geben. Ich habe schon oft erlebt, dass Menschen

Widerstand wie eine Wand oder Mauer zwischen sich und dem Gefühl empfinden. Wenn das bei Dir ähnlich ist, versuche zum Beispiel, in der Vorstellung eine oder beide Hände an die Wand zu legen. So nimmst Du freundlich Kontakt mit Deinem Widerstand auf. Fokussiere Dich nun auf den Kontakt und auf nichts anderes. Du kannst Dir auch vorstellen, dass Du Dich umdrehst und Dich stehend oder sitzend an Deine Widerstandswand lehnst. Am besten verstärkst Du es, indem Du Dich wirklich an eine Wand lehnst oder im Sitzen bewusst die Lehne in Deinem Rücken spürst. Genieße die Entspannung.

Unser Widerstand hat lange versucht, uns eine Stütze zu sein. Es tut gut, dies einfach mal zu würdigen und vielleicht sogar dankbar dafür zu sein.

Nimm Deinen Widerstand immer ernst. Wenn wir dies nicht tun, kommen wir nicht weiter. Erst wenn wir dem Widerstand in uns freundlich entgegentreten können, haben wir eine Chance, weiter voranzukommen.

Manchmal gelingt es uns trotzdem nicht und wir bleiben bei aller Freundlichkeit im Widerstand stecken.

Ich kann an dieser Stelle sagen, wie ich darauf reagiere: Eine große Hilfe beim Überwinden meiner eigenen Widerstände sind meine Klienten. Wenn ich mit etwas Schmerzhaftem nicht weiterkomme, fällt mir jeweils mindestens eine Person aus meiner Arbeit ein, die diesen Schmerz auch kennt. Dann bringt mich das immer ein Stück weiter. Wie soll ich denn dieser Person weiterhelfen, wenn ich mich nicht meinem Schmerz stelle? Da ist mein Widerstand oft schnell dahin. Auch deswegen empfinde ich die Menschen, denen ich in meiner Arbeit begegne, als einen Segen in meinem Leben.

Jetzt kannst Du gerne einwenden: „Was soll mir das bringen? Ich habe keine Klienten." Mag sein, aber Du hast vielleicht auch Menschen, die es Dir wert sein können, Deinen Widerstand liebevoll anzunehmen und dadurch zu überwinden. Vielleicht sind es Deine Kinder, ein Partner an Deiner Seite, eine gute Freundin, Deine Schüler oder die Pflegebedürftigen, mit denen Du arbeitest; vielleicht ist es auch ein Tier oder vielleicht auch das, woran Du glaubst. Die Liebe zu jemandem oder etwas anderem macht es uns leichter, uns unserem Widerstand liebevoll zu nähern – und damit auch dem Schmerz dahinter.
Sei freundlich zu allem, was sich Dir entgegenstellt. Nur so übst Du wahre Liebe.

Leider ist es nicht nur der Widerstand, der es uns schwer macht, Liebe in unseren Schmerz zu bringen. Mit Schock und Erstarrung einhergehend ist das Thema im folgenden Kapitel. Es ist das, was uns mit am stärksten daran hindert, den Himmel zu leben: Scham und alle anderen üblen Gefühle, die damit einhergehen.
Etwas in Dir könnte jetzt aufhören wollen weiterzulesen. Das ist okay. Sich der eigenen Scham zu stellen, ist schon eine Herausforderung. Dann leg das Buch gerne beiseite, und wenn Du so weit bist, lies weiter. Und dann kannst Du merken: Es wird richtig gut.

4. Scham-, Schuld- und Minderwertigkeitsgefühle

Es mag verblüffend klingen: Wir sind bei einem meiner Lieblingsthemen gelandet. Ich habe mich im Laufe meines Lebens immer wieder meiner Scham mit Liebe zugewandt, sodass ich sie wahrlich lieben gelernt habe. Scham und alles, was dazugehört, ist nur durch Selbstliebe zu bewältigen. Das ist auch gut so. Wir brauchen etwas, das uns herausfordert, uns selbst in Liebe zu begegnen. Scham ist der Rausschmeißer aus dem Paradies, aber ihr in Liebe zu begegnen, öffnet den Himmel. Probiere es aus.

Das Thema Scham ist komplex. Ich zähle zu Scham auch die Bereiche Schuldgefühle und Minderwertigkeitsgefühle in all ihren Facetten.

Wie schon erwähnt, müssen wir uns vor überwältigenden Gefühlen und den damit verbundenen bedrohlich hohen Ausschüttungen von Stresshormonen schützen. Im Übrigen halte ich Dich wahrlich nicht für dumm, wenn ich das hier ständig wiederhole. Es ist nur so wichtig, das zu verstehen, dass ich es immer wieder erkläre. Je öfter Du es liest, desto mehr kannst Du es bei Dir selbst wahrnehmen.

In dem Versuch, uns vor Stresshormonen zu schützen, wird unser Herz „dicht" gemacht und verschiedene Areale im Gehirn, unter anderem die Bereiche, die für unsere Identitätsgefühle und die Selbstwahrnehmung zuständig sind, werden heruntergefahren. Es ist in etwa so, als würde das Gehirn versuchen, der sogenannten Stressachse in unserem Körper zu sagen „Ich bin nicht wichtig, es ist es nicht wert, Stress zu produzieren" oder „Ich bin gar nicht da, also fahr den Stress herunter". Dies rettet uns das Leben, aber wir zahlen einen Preis dafür. Durch den Verlust der Identität und der Selbstwahrnehmung und durch die blockierte Selbstliebe des heruntergesetzten Herzfeldes entsteht ein unangenehmer, schwieriger Gefühlszustand mit uns selbst. Wir fühlen uns nicht mehr wohl in unserer Haut, wir halten uns selbst für wertlos oder unwichtig, wir wollen am liebsten unsichtbar oder gar nicht mehr da sein. Je nach Ausprägung empfinden wir das als Scham-, Schuld- oder Minderwertigkeitsgefühl.

Bitte versuche, dies genau zu verstehen, das ist für Dein Grundverständnis Dir selbst gegenüber wichtig: Scham-, Schuld- und Minderwertigkeitsgefühle sind Nebenprodukte unserer Schockzustände. Damit sind es Schutzmechanismen. Sie sind keine Aussage über Dich und Deine Schwächen oder schlechten Seiten, wie Du bisher gedacht hast. Sie beschreiben keine Wahrheit über Dich, auch wenn sie sich wahr anfühlen. Scham-, Schul- und Minderwertigkeitsgefühle halten Dich am (Über-)Leben und beschützen Dich.

Bevor es leichter werden kann mit diesen schwierigen Gefühlszuständen, müssen wir erst noch einmal die Probleme mit ihnen anschauen. Wir halten Scham und Schuld nämlich nicht nur individuell für wahr, sie spielen in der Gesamtheit von uns Menschen eine große, schwierige Rolle. Gesellschaftliche Einflüsse und die Erziehung bewegen es mehr in die eine oder andere Richtung. In vielen Familien, Kulturen und Religionen wird Schuld stark thematisiert. Taucht ein Problem auf, muss jemand daran schuld sein. In anderen Kulturen ist eher die Scham im Vordergrund. Scham selbst wird nicht immer benannt. Sie zeigt sich eher indirekt in Aussagen wie „Was sagen denn da die anderen, die Nachbarn etc.

über uns?!", „Sei doch normal wie andere Kinder/Jugendliche auch" oder „Das darf keiner sehen oder mitbekommen". Manche Erziehungsmethoden gipfeln sogar in einem direkten „Schämst Du Dich denn nicht?" Minderwertigkeitsgefühle werden manchmal von Generation zu Generation weitergegeben. Dies funktioniert über Aussagen wie „Wir waren schon immer die Deppen der Nation" genauso wie über Verhaltensweisen, durch die Eltern ihre eigenen Kinder abwerten. Minderwertigkeitsgefühle haben oft etwas von einer sich selbst erfüllenden Prophezeiung. Die unguten Verhaltensweisen, die durch Minderwertigkeitsgefühle entstehen, machen uns nicht unbedingt beliebt bei anderen Menschen. Dies nehmen wir bewusst oder unbewusst wahr und fühlen uns dann in den schlechten Gefühlen bestätigt, was wiederum ungute Verhaltensweisen nach sich ziehen kann. Leider spielen Minderwertigkeitsgefühle eine große Rolle bei der Abwertung anderer Menschen und verursachen wieder nur Leid. Jedwede Form von -ismus geht auf ungute Gefühle wie Minderwertigkeit und Scham zurück.

Aus diesem Teufelskreis herauszukommen, tut nicht nur uns selbst gut. Auch unsere Umgebung profitiert davon. Fühle ich mich wohl in meiner Haut, muss ich niemanden wegen seiner Hautfarbe als schlechter einstufen. Fühle ich mich in meiner Scham und Schuld geliebt und geborgen, muss ich niemanden wegen seiner Religion oder Kultur angreifen.

Die Selbstliebe, die Du aufbringst, um Dich diesen schwierigen Gefühlen von Scham, Schuld und Minderwert zu stellen, macht Dich zu einem besseren Menschen. Dies wirkt sich positiv in Deinen Beziehungen, Deiner Partnerschaft/Ehe und in Deinem Arbeitsleben aus.

Schauen wir uns daher die einzelnen Bereiche genauer an und das, was wir mit ihnen tun können.

4.1 Scham und Schamgefühle

Wenden wir uns zuerst dem Schamgefühl zu. Viele Menschen wissen nicht, dass ihr unwohles Gefühl Scham ist. Scham hat den biologischen Sinn, uns unsichtbar zu machen, und so ist sie für uns auch oft unsichtbar. Manche Menschen können es benennen durch Aussagen wie „Das war mir so peinlich". Aber auch „Ich wäre am liebsten im Erdboden versunken" oder „Ich hätte mich am liebsten versteckt" geben Schamgefühle wieder. Oft genug haben wir gar keine Worte für unsere Scham. In der Schockstarre ist es, wie schon erwähnt, biologisch sinnvoll, keinen Laut von uns zu geben. Deshalb setzt unser Gehirn unsere Ausdrucksfähigkeit wie das Sprechen außer Gefecht. Keine Worte zu finden oder sie nicht aussprechen zu können und Scham gehen oft Hand in Hand.

Ich kenne Schamgefühle nur zu gut. Als ein Mensch mit Geburtstrauma begleitet mich Scham von Beginn an als eine Grundtönung meines Lebens. Ich bin meiner Scham sehr dankbar, so schwer sie oft auch ist. Nichts hat mich so sehr zur Selbstliebe gebracht wie meine Schamgefühle. Ich kenne nämlich nichts anderes, was bei Schamgefühlen hilft. Natürlich kann ich Begleiterscheinungen der Scham mit unterschiedlichen Methoden begegnen, die vordergründig noch nichts mit (Selbst-)Liebe zu tun haben. So kann zum Beispiel die mit ihr einhergehende Schockstarre Aktivierungsübungen wie die *Drückübung* gebrauchen. Das Abgetrenntsein vom

Körper oder (körperliche) Leere-Empfindungen reagieren gut auf Selbstwahrnehmungsübungen oder Methoden zur Verankerung im Körper (wie die Übung *Boden unter den Füßen spüren*).

Trotz all dieser Möglichkeiten kommen wir nicht daran vorbei: Scham braucht ausschließlich eines – (Selbst-)Liebe!

Die Komplexität von Scham macht eine Herangehensweise oft schwer. Sich mit Scham zu konfrontieren, macht sie sichtbar – gerade das, was wir nicht wollen. Daher braucht es einen sicheren Raum und eine vertrauensvolle Beziehung, um Schamgefühle zu thematisieren. Viele Menschen wissen nicht, wie sie auf das Äußern von Scham reagieren sollen. Scham will nicht weggeredet werden mit „Aber da brauchst Du Dich doch nicht zu schämen, ist doch nicht schlimm." Wenn wir uns schämen, haben wir sowieso schon das Gefühl, entweder alles oder etwas Grundlegendes falsch gemacht zu haben. Wenn wir dann noch hören, dass wir uns nicht schämen zu brauchen, verstärkt das nur das Gefühl, etwas falsch gemacht zu haben. Scham braucht Verständnis, ein „Ich kenne das, wir dürfen uns so fühlen."

Ich kann den Umgang mit Scham am besten wieder aus meiner eigenen Erfahrung heraus darstellen. Als ich bei mir auf das Thema Scham gestoßen bin, tat es mir gut, wieder ein Bild dafür zu finden. Ich sah ein Mädchen, mein jüngeres Ich mit ca. elf Jahren. Das Mädchen saß in der Ecke eines Zimmers am Boden, die Knie angewinkelt, den Kopf auf die Knie gelegt, und die Arme bedeckten den Kopf. Die Verlorenheit und Einsamkeit meines jüngeren Scham-Ichs waren so spürbar, dass ich sofort Mitgefühl empfand und mich dem

Mädchen zuwenden wollte. Aber so einfach war das nicht, das Mädchen wollte in seiner Scham gar nicht, dass ich mich ihm zuwende. So musste ich sehr behutsam sein, um mein Scham-Ich nicht zu verschrecken. Also setzte ich mich neben das Mädchen, mein inneres Kind, auf den Boden und tat sonst nichts. Ich setzte mich also einfach erst mal nur „mit ins selbe Boot". Das ging eine ganze Weile so. Immer wenn ich an mein Scham-Ich dachte, konnte ich mich nur danebensetzen. Durch dieses behutsame Herangehen wuchs das Vertrauen, und eines Tages spürte ich, dass ich vorsichtig den Arm um die Schultern des Mädchens legen konnte. Auch das übte ich in meiner Vorstellung immer wieder, bis das Mädchen seine Arme herunternahm und ganz leicht den Kopf hob. Diesmal dauerte es nicht mehr so lange und das Mädchen lehnte seinen Kopf an meine Schulter. Jetzt konnte ich sie einfach liebevoll im Arm halten und das tat uns beiden gut. Dieses Im-Arm-Halten wiederholte ich immer wieder mit meinem Scham-Ich. Dann kam der Tag, an dem wir gemeinsam aufstehen konnten. Auch heute begegnet mir oft genug noch Scham, aber es ist inzwischen leichter, mit ihr umzugehen.

Dieses Buch zu schreiben, ist auch mit vielen Schamgefühlen verbunden. Das hat mich zeitweise erschreckt und auch frustriert. Ich musste begreifen, dass ein Buch in die Welt zu setzen stark an meinem Geburtstrauma rührte.

Durch mein Geburtstrauma habe ich einerseits die grundlegende Tendenz zu Schockstarre und Scham für mein Leben mitbekommen. Andererseits habe ich dabei diese wunderbare Erfahrung der Präsenz Gottes und eines unendlich schönen Zustands von Liebe, Frieden und Glück erlebt. Letzteres ist auch der Grund, dieses Buch zu schreiben. Aber die schöne

Erfahrung ist eben auch verbunden mit einem Schamgefühl und Zuständen der Erstarrung. Dabei entstehen „verrückte" Momente: Ich merke, ich möchte so viel von dieser wunderbaren Liebe schreiben, die mein Leben ausmacht, und auf einmal schäme ich mich dafür. Es gibt Momente, da möchte ich meine Liebe hinausschreien in die Welt und jedem Menschen und Wesen, dem ich begegne, sagen und zeigen, wie sehr er, sie oder es geliebt ist. Und dann denke ich „Ute, Du bist verrückt" und merke, dass ich mich für mich und meine Liebe schäme.

Ich habe gelernt, in der Scham liebevoll zu mir zu stehen, und deswegen schreibe ich hier von dieser speziellen Liebe. Ich habe eine tiefe Liebe für alle Leidenden und das Leid selbst. Wie die meisten anderen Menschen möchte ich auch, dass niemand leiden muss. Am liebsten wäre es mir, wenn kein Mensch, kein Tier und nicht unser wunderschöner Planet leiden müssten. Gleichzeitig geht mir in Anbetracht von Leid und Schmerz einfach das Herz auf. Ich erlebe dieses Herzaufgehen natürlich auch in Kontakt mit meinen Lieblingsmenschen, beim Anblick eines Babys, eines Sonnenuntergangs, beim Lesen eines guten Gedichts oder beim Hören bestimmter Musik. Trotzdem empfinde ich dieses Herzaufgehen in Anbetracht von Leid noch spezieller. Hier kann ich immer wieder die wunderbare Präsenz spüren, die ich als Gott bezeichne. Das gibt mir die Gewissheit, dass der Himmel existiert, mitten unter uns und in uns. Da kann selbst Scham zu einer Kraft werden.

Auch Du wirst Schamgefühle bei Dir erkennen, wenn Du diese Zeilen liest. Ich hoffe, ich kann Dir die Tür öffnen, freundlich und vielleicht schon ein bisschen liebevoll mit Deiner Scham umzugehen.

Ein weiterer Aspekt, der dabei helfen kann, ist das Verstehen des Sinnes von Scham. Ich habe vorhin schon erklärt, wie Schamgefühle durch das Dichtmachen des Herzens und das Herunterfahren bestimmter Hirnareale als Schutzmechanismus entstehen. Mir hat diese Erkenntnis geholfen, pragmatisch auf Scham reagieren zu können. Tauchen Schamgefühle in einer Situation oder bei einem Thema auf, verstehe ich jetzt, dass ich bei dem Thema einen Schockzustand erlebe oder früher erlebt habe. Ich lasse mich dann weniger auf den „Inhalt" der Scham ein, sondern versuche, die Scham in ihrer Schutzfunktion anzunehmen.

Als Inhalt der Schamgefühle verstehe ich das Fühlen oder Denken, dass ich klein und falsch bin, dass man mir meine Würde genommen hat, dass ich mich für etwas erklären muss und dass ich am liebsten unsichtbar wäre und mich unter der Bettdecke verkriechen möchte. Es ist mühsam zu versuchen, diese Schaminhalte aufzulösen. Und es funktioniert einfach nicht. Mir einzureden, dass ich nicht so falsch bin und andere Menschen doch auch Fehler machen, löst meine Schamgefühle nicht auf. Mir ohne Selbstliebe meine Würde wiederzugeben, ist aussichtslos. Aber ich muss dies auch alles nicht tun. Ich kann den Sinn meiner Schamgefühle verstehen und würdigen. Ein Beispiel soll dies veranschaulichen:

Wenn ich mit Menschen konfrontiert werde, die wütend auf mich sind oder mich deutlich kritisieren, löst dies bei mir Schamgefühle aus. Früher habe ich (unbewusst) versucht, meinen Schamgefühlen zu entkommen, indem mein Gehirn tausend Rechtfertigungen für mein Verhalten gesucht hat und ich irgendwann wütend auf mein Gegenüber wurde. Jetzt passiert das manchmal auch noch, aber kürzer, und dann kann ich mich den eigentlichen Gefühlen zuwenden. Ich versuche, mein Herz der Scham zu öffnen, indem ich zum Beispiel an mein Mädchen in der Ecke denke. Ich gebe ihr dabei das Verständnis, dass es okay ist, mich vor dem Gefühl, angegriffen zu werden, schützen möchte. Mein biologisches System reagiert (wie das vieler Menschen) auf Wut auf mich oder Kritik gegen mich, als würde ein Angriff auf mich geschehen oder bevorstehen. Um mich zu schützen, versucht mein Nervensystem, mich unsichtbar zu machen. Dafür braucht es die Mechanismen, die, wie oben erklärt, Schamgefühle hervorrufen. Früher bin ich in die Falle getappt und habe mich wiederum gegen meine Schamgefühle verteidigt. Ich habe einen Widerstand gegen meine Scham gehabt, die ja wiederum ein Widerstand gegen den dahinterstehenden Schmerz ist. Ganz schön anstrengend. Jetzt muss ich nicht mehr Tage, Wochen, Monate damit zubringen, mich um den Inhalt meiner Schamgefühle zu kümmern. Jetzt kann ich sie als Schutzmechanismus annehmen und mich liebevoll meinen Schamgefühlen zuwenden. Und auf einmal fühle ich mich besser. Es funktioniert!

Ich muss mich nicht mehr in Rechtfertigungen stürzen, muss nicht mehr wütend auf die andere Person reagieren, ich darf liebevoll bei mir bleiben. Manchmal schaffe ich es, mit Verständnis und Mitgefühl auf mein wütendes Gegenüber zu reagieren. Das braucht Zeit, ich bin immer noch eine Übende, und es ist so befreiend, wenn es funktioniert.

In solchen Momenten verstehe ich, warum Jesus von der Feindesliebe spricht und warum wir sie brauchen. Unser größter Feind sind wir selbst. Und diesen Feind gilt es, wahrhaft lieben zu lernen. Mich liebevoll meinen Schamgefühlen zu stellen und sie in ihrer Funktion zu verstehen, ist wirklich ein Stück Himmel auf die Erde zu bringen.

Ich weiß, dass es am Anfang nicht einfach ist, aber es lohnt sich wirklich. Du bist geliebt in Deiner Scham. Selbst wenn Du vor Scham im Boden versinken möchtest, wartet am tiefsten Punkt Deiner Scham die Liebe auf Dich.

Leider geht es vielen Menschen so, dass sie ständig versuchen, Schamgefühle inhaltlich anzugehen. Viele wissen das nur nicht. Glaube nicht dem „Inhalt", den die Scham Dir erzählen will. Ich weiß, es fühlt sich oft so wahr an, aber bitte glaube nicht, dass Du es nicht anders verdient hast, dass Du es nicht wert bist, dass es ja klar war, dass das Dir passieren muss, dass Du klein, hässlich, dumm oder was auch immer Negatives bist.

Mache Dir bewusst, dass es eine Schutzfunktion ist, die Du haben darfst. Finde Dein inneres Scham-Ich. Es braucht Deine Liebe.

Wenn Du Scham als einen Mechanismus der Schockstarre und damit als einen Schutz vor überwältigenden schmerzhaften Gefühlen bzw. Stresshormonen verstehen kannst, hast Du schon einen großen Schritt geschafft. Versuche, liebevoll oder zumindest freundlich auf die Scham zu reagieren. Glaube ihren Einflüsterungen nicht, sondern begreife sie als einen Versuch, Dich zu beschützen. Wenn Du Deine Schamgefühle annehmen kannst, wirst Du merken, dass sie gar nicht mehr so schlimm sind. Je öfter und je mehr Du auf Scham mit Liebe und Mitgefühl reagieren kannst, desto mehr steigerst Du Deine Selbstliebe. Dann kannst Du Dich immer mehr wohl in Deiner Haut fühlen.

Vielleicht hilft es Dir auch zu erkennen, dass Du nicht allein bist mit Deiner Scham. Viele Menschen erleben Schamgefühle. Ich habe ja schon oben beschrieben, dass sie mir wohlvertraut sind. Inzwischen gehöre ich sehr gerne zu den Menschen, die in der Lage sind, sich zu schämen. Sich zu schämen und darauf liebevoll zu reagieren, macht uns stark.

Versuchen wir es mit einem anderen Zugang, dann kannst Du gleich noch stärker werden.

Eine gute und effiziente Methode, auf Scham-, Schuld- und Minderwertigkeitsgefühle zu reagieren, ist der freundliche Blick in den Spiegel. Trainiere den freundlichen Blick, bis Du ihn auch Dir selbst im Spiegel geben kannst. Wenn Du so weit bist, stelle Dich mit einem Teil oder gleich mit Deiner ganzen Scham vor den Spiegel und gib Dir den freundlichen Blick. Schaue Dir und Deiner Scham liebevoll in die Augen. Dies braucht wieder einmal etwas Übung. Lass Dich überraschen, wenn es funktioniert. Du wirst merken, dass die Scham nicht mehr die Herrschaft über Dich hat. Wenn Du diese Übung einmal erlernt hast, wirst Du stärker werden. Auch hier gilt: Mache Dir immer wieder bewusst, dass Deine Schamgefühle ein Zeichen von Schockstarre sind und Dich nur beschützen wollen. Dann ist es leichter, sie liebevoll anzuschauen.

Dein Leben wird besser, wenn Du Deine Schamgefühle erkennen kannst und verstehst, warum Du sie hast. Die Scham ist nur eine Schutzfunktion. Sie erzählt nicht die Wahrheit über Dich oder Dein Leben. Es gibt nur eine Wahrheit über Dich, die zählt: Du bist liebenswert, Du bist geliebt, Du bist Liebe, der Himmel ist in Dir und wartet auf Dich. An diesem Punkt kannst Du erfahren, dass es die Liebe ist, die Dein Leben ausmacht, nicht die Scham. Der Himmel ist in Dir.

4.2 Schuldgefühle

Mit Schamgefühlen gehen oft Schuldgefühle einher. Wo Scham oft eher ein diffuses Unwohlsein darstellt, ist Schuld meist spezifischer auf eine Sache bezogen. Ich rede lieber von Schuldgefühlen als von Schuld. In der Psychologie müssen wir uns um das Gefühl von Schuld kümmern. Manchmal steckt eine tatsächliche Schuld hinter den Schuldgefühlen. In diesem Fall ist es gut, dass wir uns schuldig fühlen, denn dann können wir etwas verändern. Dafür müssen wir wissen, wie wir diese Schuldgefühle richtig angehen. Viele Menschen erleben subjektive Schuldgefühle, ohne objektiv schuldig zu sein. Dies ist wieder auf die Schockreaktion zurückzuführen.

Die einen reagieren auf ihre Schuldgefühle, indem sie etwas wiedergutmachen und sich entschuldigen wollen. Andere verdrängen ihre Schuldgefühle, reagieren aber schnell verletzt oder auch wütend, wenn sie einen Vorwurf hören. Manchmal ist uns Menschen nicht bewusst, dass wir Schuldgefühle haben. Es kann helfen, darauf zu achten, wie schnell und oft wir mit Rechtfertigungen reagieren. Sie können ein Hinweis auf unbewusste Schuldgefühle sein.

Das Schwierige an Schuldgefühlen ist, dass sie sich so existenziell echt anfühlen. Da können andere Menschen uns noch so oft sagen, dass wir nicht schuld sind, wir empfinden es trotzdem so. Schuldgefühle können nicht kognitiv durch Wegargumentieren gelöst werden – sie können nur auf der Beziehungs- und Gefühlsebene konstruktiv angegangen werden. Hierfür muss erst einmal wieder das Recht zugesprochen werden, dass Schuldgefühle da sein dürfen. Ich betone, wenn ich es so empfinde, durchaus auch mal, dass ich in dem Verhalten des Gegenübers keine Schuld sehe, aber äußere gleichzeitig mein Verständnis, dass er oder sie Schuldgefühle empfindet. Dies mache ich, wenn ich meinem Gegenüber den Unterschied zwischen Schuld und Schuldgefühlen aufzeigen möchte. Vor allem lege ich dann meinen Fokus darauf, dass wir lernen, unseren Schuldgefühlen freundlich Raum zu geben.

Schuldgefühle brauchen einen Raum, da sein zu können. Wir sind instinktiv zuerst immer damit beschäftigt, Schuld und Schuldgefühle wegmachen zu wollen. Egal ob dies durch wortreiche Rechtfertigungen, demütige Entschuldigungen, Wiedergutmachungsgeschenke bzw. -zahlungen oder durch einen Gegenangriff auf das Opfer geschieht, wir wollen uns einfach nicht schuldig fühlen. Wir finden es so unangenehm, dass wir es auch bei anderen Menschen ständig wegargumentieren wollen. Selbst in Filmen und Serien taucht dieser Mechanismus auf. Da passiert etwas Schlimmes und dann wird ganz schnell dem Protagonisten erklärt, dass er sich nicht schuldig fühlen soll. Manchmal wird im Film oder auch im wahren Leben sogar gesagt: „Mach nicht den Fehler, Dich schuldig zu fühlen." Hieran merke ich, dass wir leider noch nicht verstanden haben, wodurch diese Schuldgefühle entstehen und welchen Sinn sie haben.

Wie es Dir inzwischen immer wieder in diesem Buch nahegebracht wurde, sind auch Deine Schuldgefühle ein Teil des Schockzustands bzw. ein Schutzmechanismus.

Schuldgefühle, die nicht auf eine tatsächliche Schuld zurückzuführen sind, entstehen oft in ohnmächtigen, schmerzhaften Situationen. An dem erlebten Schmerz nichts ändern zu können und ihm machtlos ausgeliefert zu sein, ist nicht aushalt-

bar. Also wendet auch hier unser System eine Art von Trick an. Es spaltet uns von der Ohnmacht ab, indem es uns die Schuld gibt. Schuldgefühle geben uns eine Illusion von Kontrolle. Für unser System ist es besser, sich schuldig zu fühlen als ohnmächtig zu sein. Die Ohnmacht dem Schmerz gegenüber führt nämlich zu einer starken, vielleicht sogar unkontrollierbaren Stresshormonausschüttung. Dadurch ist unser Herz und damit unser Leben in Gefahr.
Beispiele erlebe ich in meiner Arbeit häufig. Da gibt es das Kind, dass sich zum Schuldigen macht, weil die Eltern sich trennen. Für Kinder sind Trennungserfahrungen sehr bedrohlich, weil die Sicherheit der Familie zerbricht. Außerdem erleben diese Kinder Beziehungsverluste zu Elternteilen oder auch Geschwistern, die sie nicht mehr regelmäßig sehen. Dem allen sind sie dabei ausgeliefert, denn sie können nicht darüber entscheiden, dass die Eltern zusammenbleiben. Der Gedanke, dass es ihre Schuld sei, lässt sie überleben. Die Stresshormone werden dadurch auf einem überlebbaren Level gehalten. Außerdem gibt es dem Kind eine Illusion von Kontrolle zurück. Wenn das Kind meint, dass es seine Schuld wäre, muss es nur „brav" sein und das Leben wird wieder gut. Genauso geht es Opfern von Gewalt, einschließlich sexualisierter Gewalt. Viele misshandelte, vergewaltigte oder missbrauchte Menschen haben das Gefühl, sie haben Schuld an der schlimmen Tat. Diesen Menschen einzureden, dass sie keine Schuld haben, ist anfangs nicht immer zielführend. Dadurch wird den Opfern ein Stück Kontrolle genommen. Der Verlust von gefühlter Kontrolle kann dann den eigentlichen Schmerz und den damit verbundenen immensen Stress im Körper ins Unerträgliche steigern.

Hier ist ein achtsamer und mitfühlender Umgang wichtig. Erst wenn Menschen mit solchen Erfahrungen andere konstruktive Schutzmechanismen kennen, können sie auch ihre Schuldgefühle loslassen. Erst dann können Opfer schlimmer Taten glaubhaft erkennen, dass sie keine Schuld haben. Eine erste Möglichkeit, mit dieser Form von Schuldgefühlen umzugehen, ist, sie in ihrem Sinn verstehen zu lernen. Dies bedeutet, genauso wie bei den Schamgefühlen, nicht auf ihren vermeintlichen Inhalt „reinzufallen". Es ist dasselbe Verfahren, wie ich es oben bei der Scham beschrieben habe. Opfer schlimmer Taten dürfen sich schuldig fühlen, aber sie dürfen dies als einen Schutzmechanismus begreifen. Gelingt es mit der Zeit, sich selbst mit Mitgefühl zu begegnen, wird manchmal das Schuldgefühl von selbst kleiner. Ist das nicht der Fall, kann immer noch ein direkter, liebevoller Umgang mit den Schuldgefühlen eingeübt werden. Das ist vor allem dann erforderlich, wenn die Gewalterfahrungen schon in der Kindheit stattgefunden haben. Hier haben die Schuldgefühle sich wieder einmal zu einem Denk- und Fühlmuster entwickelt. Sie sind wie eine Grundtönung für das Leben geworden. Gerade dann ist es wichtig, diese unbewussten Schuldgefühle, die meistens mit Scham einhergehen, liebevoll ins Bewusstsein zu bringen. Ihnen das Recht zu geben, da sein zu dürfen, ist der nächste Schritt. Hier ist immer wieder eine große Achtsamkeit gefragt, diesen Personen nicht noch mehr Schuldgefühle aufzubürden und gleichzeitig den schon vorhandenen Schuldgefühlen verständnisvoll zu begegnen.

Leider wachsen Menschen auch damit auf, dass ihnen immer wieder Schuld zugewiesen wird. Dass kann bei überforderten

Eltern passieren, die ihrem Kind vermitteln, dass sie ohne es besser dran wären. Es passiert leider immer noch viel zu oft in diktatorischen, rassistischen oder anders menschenverachtenden Systemen. Diese Systeme gibt es in Form von Staaten, aber auch in Form von Familien. Irgendjemand muss in solchen Systemen immer schuld sein. Rasse, Religion, Geschlecht, sexuelle Orientierung oder politische Denkweisen werden dabei benutzt, um „unbequemen" Menschen Schuld zuzuschreiben. Es ist traurig, wie ein Schutzmechanismus benutzt wird. Das dieses Benutzen fatalerweise so gut gelingt, liegt an der Angst vor den Konsequenzen für Schuld.

Schuld birgt für uns die große Gefahr, bestraft und aus der Gemeinschaft ausgeschlossen zu werden. Gerade Letzteres kann lebensbedrohlich werden. Wir haben Angst vor Schuld, weil wir Angst um unser Leben haben. Verständlich. Dadurch haben wir als Menschen sehr gut gelernt, Schuld wegmachen zu wollen.

Durch unser Wegmachen, Wegargumentieren und Verdrängen von Schuldgefühlen können wir nicht konstruktiv damit umgehen. Die unbewusste Angst verschwindet dadurch nicht. Bei schuldlosen Schuldgefühlen nimmt es uns die Möglichkeit, die Schuldgefühle so anzunehmen, dass wir damit zurechtkommen und uns nicht mehr schuldig fühlen. Haben wir tatsächlich etwas falsch gemacht, nimmt uns das Wegmachen der Schuldgefühle die Chance, aus unseren Fehlern zu lernen. Es braucht Mut, sich seinen Schuldgefühlen zu stellen. Aber es ist nötig.

Einen Fehler zu machen, ist nicht schlimm – nicht aus dem Fehler zu lernen, ist schlimm. Schuldgefühlen freundlich zu begegnen und ihnen einen Raum zu geben, ist keine Schönfärberei, kein Übertünchen mit billigen Ausflüchten. Unsere gefühlte Schuld dazulassen heißt, sie *komplett* dazulassen. Es ist kein „Es tut mir leid, aber ..." Es ist ein „Ich habe ... gemacht, das tut mir leid". Nur wenn wir unserer gefühlten Schuld komplett Raum geben, hat es überhaupt Sinn, ihr mit Liebe zu begegnen. Erst der liebevolle Umgang mit den Schuldgefühlen ermöglicht es uns, daraus zu lernen und es besser zu machen. Das klingt (wie immer) erst einmal paradox: die gefühlte Schuld in aller Härte dalassen, dann aber liebevoll darauf zugehen. Nur so zeigen wir unseren Schuldgefühlen und denen anderer Menschen, dass wir sie nicht wegstoßen. Dadurch verringern wir die (unbewusste) Angst, die hinter unseren Schuldgefühlen steckt. Wir halten die Beziehung aufrecht, und das ist das, was ein von Schuldgefühlen geplagter Mensch spüren muss. Diese Bürde müssen wir bei uns lassen und dürfen sie nicht anderen aufdrängen. Manche Menschen verlangen die Absolution von ihren „Opfern" und können sich dabei selbst nicht vergeben. Diese Menschen können ihren eigenen Schuldgefühlen nicht mit Liebe begegnen. Verrückterweise meinen sie, dass die Menschen, denen sie weh getan haben, das tun müssten. Das funktioniert nicht. Wenn wir Täter sind, müssen wir unsere Schuld schon selbst liebevoll auf die Reihe bringen – was es nicht ausschließt, mich beim Gegenüber zu entschuldigen. Aber es ist eben keine Entschuldigung, die dem verletzten Gegenüber die Absolution aufbürdet. Es ist eine Entschuldigung, die aus Anstand, Wertschätzung und einem offenen Herzen für den Schmerz des Gegenübers geschieht.

Schuldgefühle haben bei mir inzwischen ein Bild, das mir sehr gut weiterhilft. Für mich sind sie ein harter, steiniger, sehr steiler Weg, den ich zusätzlich mit einem viel zu schweren Rucksack bepackt gehen muss – für mich als unsportlichen Menschen kein schönes Bild. Immer wenn ich bereit bin, den unbequemen, harten Weg zu gehen, passiert etwas mit mir. Ich wachse daran.
Je öfter und länger ich diesen Weg gehe, desto mehr spüre ich eine Liebe, die diesen Weg mit mir geht.
Diese Liebe möchte ich Dir auch sehr gern anbieten. Stelle Dich Deinen Schuldgefühlen und vertraue sie der Liebe an. Die Liebe ist die größte Kraft und damit immer größer als Schuld und Schuldgefühle.

Magst Du Dich auf eine Vorstellungsübung einlassen?
Stelle Dir vor, Deine Schuldgefühle und Du sind in einem Raum. Stelle Dir gerne vor, wie sie am weitest entfernten Punkt des Zimmers stehen oder sitzen. Lasse Dich darauf ein, dass sie im selben Raum wie Du sein dürfen. Schwer? Sicherlich, aber auch ganz schön mutig und stark von Dir.
Mache Dir bewusst, dass die Liebe trotzdem immer in der Beziehung zu Dir bleibt. Auch wenn Deine Schuldgefühle so erdrückend sind, dass sie den ganzen Raum ausfüllen und Dir die Luft zum Atmen nehmen, darfst Du Dich der Liebe zuwenden. Dies kann sich schmerzhaft anfühlen, das ist ein gutes Zeichen. Dann machst Du es richtig und weichst Deiner (gefühlten) Schuld nicht aus. Wenn es für Dich allein zu schwer ist, hole Dir Hilfe. Neben Psychotherapeuten kann auch manche Seelsorgerin helfen. Auch Nachbarn, Kolleginnen oder Freunde können uns zur Seite stehen. Wichtig ist

nur, dass Du spürst, dass Dein Gegenüber liebevoll auf Dich reagiert und Dich nicht mit Plattitüden abspeist.
Mit diesem Buch möchte ich Dir ein liebevolles Gegenüber sein. Wenn Du niemand anderen hast, vertraue diesem Buch Deine gefühlte Schuld an. Wenn Du willst, darfst Du das jetzt machen.

Deine Schuld ist in Liebe angenommen!

Magst Du das noch einmal tief in Dir aufnehmen? Deine Schuld ist in Liebe angenommen.
Vielleicht kannst Du Dich jetzt zu einem Spiegel begeben und Dir selbst mit Deiner Schuld liebevoll in die Augen schauen.

Unsere Schuld und Schuldgefühle der Liebe zu übergeben, heißt natürlich nicht „Dann kann ich fröhlich weiter Schuld auf mich laden und andere verletzen". Die Liebe verändert uns und ermöglicht es uns zu wachsen. Durch die Liebe können wir hinter unser schuldhaftes Verhalten und unsere Schuldgefühle blicken. Damit können wir nachhaltig Entwicklungen in Gang setzen, die uns besser mit uns selbst und unserer Umwelt umgehen lassen. Dies ist sehr wichtig.

Wenn das Anvertrauen Deiner Schuldgefühle in die Liebe zu keiner Veränderung bei Dir führt und Du andere Menschen, Tiere oder die Natur weiter verletzt, hole Dir bitte Hilfe.

Schaue noch einmal genauer auf Deine Schuldgefühle. Kannst Du erkennen, wann sie entstanden sind? Vielleicht wird Dir durch dieses Buch bewusst, dass sie schon länger existieren, als Dir bewusst war. Vielleicht kannst Du erkennen, dass Du früh in Deinem Leben schmerzhafte Erfahrungen gemacht hast, die hinter Deinen Schuldgefühlen stecken. Vielleicht wird Dir auch bewusst, dass es einfach zu wenig Liebe in Deiner Ursprungsfamilie gab. Dafür kann keiner etwas, auch Deine Eltern haben wahrscheinlich zu wenig Liebe erfahren. Wir hier in Mitteleuropa sind die sogenannten Kriegsenkel oder schon -urenkel. Was ich damit sagen will, ist, dass unsere Vorfahren traumatisiert waren, ohne dass sie das wussten. Dadurch konnten sie ihre Kinder und diese wiederum deren Kinder oft nicht mit Liebe aufziehen. Kein Wunder, dass wir mit so vielen unguten Gefühlen durchs Leben gehen. Wenn Du begreifen kannst, woher diese schmerzhaften Gefühle kommen, kannst Du ihnen vielleicht freundlicher begegnen.

Betrachte Schuld und Schuldgefühle mit einem freundlichen, liebevollen Blick. Wenn Du das tust, machst Du die Welt zu einem besseren Ort.

Mir selbst einen freundlichen Blick im Spiegel zu schenken, wenn ich mich schuldig fühle, ist eine besondere Erfahrung. Ich kann dann nicht mit billigen Ausreden und Entschuldigen kommen, sondern blicke meiner Schuld direkt in die Augen. Das ist schon herausfordernd. Wenn nötig, konzentriere ich mich darauf, den Boden unter meinen Füßen zu spüren, damit ich einen festen Stand habe. Bei Schuldgefühlen ist es gut, wenn wir mit beiden Beinen fest auf dem Boden stehen und nicht ausweichen können. Dann schaue ich freundlich in den Spiegel und auf meine Schuldgefühle. Das kann seine Zeit brauchen, bis es spürbar funktioniert. Es ist nicht einfach nur so, dass es mir damit besser geht. Es hilft mir, der Person, der ich mich gegenüber schuldig fühle, wieder gut begegnen zu können. Dies ist nicht nur für mich, sondern auch für die andere Person wichtig. Die andere Person muss mir nämlich nicht gut oder verzeihend begegnen. Das ist, wie schon erwähnt, meine Aufgabe. Ich bürde damit nichts der anderen Person auf, sondern übernehme die Verantwortung für meine (gefühlte) Schuld selbst. Manchmal merke ich, dass ich mich bei der anderen Person entschuldigen möchte. Manchmal entdecke ich, dass ich in einem alten, traumabedingten Muster von Schuldgefühlen gefangen war. Dann belasse ich das Gefühl bei mir und bin dankbar, es erkannt zu haben. Es ist der liebevolle Blick oder das Einüben von Mitgefühl mit meinen Schuldgefühlen, die es mir ermöglichen, diesen Unterschied zu erkennen. Schuld und Schuldgefühle brauchen Liebe und Beziehung und nicht Ausgrenzung.

Versuche es doch auch einmal. Deine Schuldgefühle danken es Dir, wenn Du sie liebevoll betrachtest.

Schuld(-gefühle) mit Liebe zusammenzubringen, öffnet die Tür zum Himmel. Ist das nicht wunderbar?!

Genauso wunderbar wie Du. Du bringst den Himmel auf die Erde.

4.3 Minderwertigkeitsgefühle

Unser anderes oft lebensbestimmendes Gefühl, das wir hier betrachten müssen, ist das Minderwertigkeitsgefühl. Entwicklungstraumata und Minderwertigkeitsgefühle hängen eng zusammen. Kinder müssen sich sicher und geliebt fühlen. Sie brauchen die Verlässlichkeit, dass die Erwachsenen um sie herum ihre Bedürfnisse nach Nahrung, Schutz, Nähe, Geborgenheit und Liebe richtig wahrnehmen und adäquat darauf reagieren. Sie müssen erfahren, dass sie den Menschen um sich herum vertrauen können. Kinder sind schutzlos, sie müssen wissen, dass sie nicht verletzt werden. Machen wir diese Erfahrungen als Kind nicht, reagieren wir sehr schnell mit einer Interpretation: Ich bin es nicht wert. Dies ist, wie oben erwähnt, ein Teil der Schockreaktionen, die unser Nervensystem vornimmt. Es ist so, als würde unser Gehirn im Schockzustand die Ausschüttung der Stresshormone herunterfahren wollen, indem es den Nebennieren sagt: „Lass es, es ist es nicht wert, Stress zu produzieren." Leider reagiert das kindliche Gehirn mit einer Generalisierung: Die Botschaft „Das ist es nicht wert" wird auf den ganzen Menschen bezogen. So entsteht unser Gefühl: „Ich bin es nicht wert. Ich bin nicht liebenswert."

Da die Schockreaktionen immer auf einen schmerzhaften und bedrohlichen Auslöser zurückgehen, dienen sie auch noch als Bestätigung. Wird ein kleines verletzbares Wesen Schmerz beigefügt, kann das Kind doch nur noch denken, dass es nicht liebenswert ist. Werden die wichtigen Grundbedürfnisse von Kindern nicht angemessen erfüllt, liegt das Gefühl, dass wir es nicht wert sind, sehr nahe. Es scheint die logische Konsequenz zu sein: „Das passiert mir, weil ich nicht liebenswert bin." Wenn wir klein sind, sind wir verletzbar und abhängig von anderen Menschen. Wenn wir durch diese Menschen bedroht werden oder uns ein Schmerz zugefügt wird, wollen wir ihnen nicht die Schuld zuschieben. Würden wir den Menschen, die uns versorgen und am Leben halten, Schuld unterstellen, würde uns dies verunsichern. Kinder haben ein instinktives Bedürfnis nach Sicherheit. Sicherheit empfinden Kinder dann, wenn sie die Menschen, die sie versorgen, als fehlerlos betrachten können. Wenn ein Kind einen Schmerz oder ein bedrohliches, stressendes Ereignis erlebt, will das Gehirn einen Grund dafür wissen. Der Grund könnte uns nämlich Kontrolle über das Ereignis geben und so Sicherheit vermitteln. Den Grund können Kinder eben nicht bei den Menschen suchen, von denen sie abhängig sind. So stellt es eine Art Sicherheitsfaktor dar, den Grund im eigenen Minderwert zu suchen.

Minderwertigkeitsgefühle helfen zusätzlich noch auf eine andere Art, den Schmerz nicht so intensiv spüren zu müssen. Wenn Du einen Menschen magst, trifft Dich das Leid dieses Menschen mehr, als wenn Du den Menschen nicht magst. Genauso ist es mit uns selbst. Uns nicht zu mögen, zu meinen, wir wären nicht liebenswert, hält den Schmerz auf Distanz. So ist es nicht verwunderlich, dass zum Beispiel Opfer von Gewalt tief in sich denken oder fühlen „Das habe ich verdient". Gerade bei sexualisierter Gewalt ist häufig im Denken der Opfer verankert, dass sie nichts wert sind. Anders scheint so eine schreckliche Erfahrung auch nicht erklärbar zu sein.

Minderwertigkeitsgefühle formen unser Leben sehr deutlich. Sachliche Aussagen werden sofort als Kritik verstanden, während positive Äußerungen uns nicht erreichen. Fällt das Brot mit der Butterseite nach unten, ist uns völlig klar, dass das nur uns passieren kann. Wir fühlen uns von der überwiegenden Mehrheit der Menschen schlecht behandelt, egal ob das der Partner, die eigenen Kinder, die Nachbarn, die Polizei oder die Regierung ist. Natürlich behandeln uns andere Menschen auch schlecht, aber die Minderwertigkeitsgefühle gaukeln uns eine viel größere Häufigkeit vor.

Wir zahlen im Laufe unseres Lebens einen hohen Preis für den Schutz vor unserem Schmerz, den wir durch die Minderwertigkeitsgefühle haben wollen. Deshalb sind zwei Aspekte wichtig: Erstens ermöglicht ein liebevoller Umgang mit uns selbst, uns dem Schmerz zu nähern und so die Minderwertigkeitsgefühle nicht mehr zu brauchen. Zweitens müssen wir erkennen, dass Minderwertigkeitsgefühle eben Gefühle und Schutzreaktionen sind und keine Tatsachenbeschreibung. Wir halten es unbewusst – wie bei den Scham- und Schuldgefühlen – für eine Tatsache. Damit fokussieren wir wieder zu sehr auf den „Inhalt" der Minderwertigkeitsgefühle, statt ihren eigentlichen Sinn zu verstehen.

Versuche doch mal im Alltag, Deinen Minderwertigkeitsgefühlen auf die Schliche zu kommen. Du wirst staunen, wie oft Du Dich selbst abwertest. Wenn Du bereit bist hinzuschauen, wirst Du bemerken, dass Du damit oft ein anderes Gefühl auf Abstand hältst. Unsicherheit und Angst sind zum Beispiel nur zu gerne hinter Minderwertigkeitsgefühlen versteckt. Wenn wir als Kinder kein liebevolles Gegenüber hatten, dem wir unsere Gefühle zeigen konnten, oder unsere grundlegenden Bedürfnisse nicht verlässlich gestillt wurden, schafft das eine tiefe Verunsicherung in unserer Psyche. Wir können nicht in dem Bewusstsein aufwachsen, dass unsere Welt unsicher ist. Also verdrängen wir mit den Minderwertigkeitsgefühlen die Verunsicherung. So können wir die Welt als sicher betrachten. Dann ist die Welt nicht das Problem, sondern wir selbst sind es. Dies gibt uns, wie oben schon beschrieben, auf eine verdrehte Art Sicherheit und Kontrolle. Denn solange es an mir liegt, kann ich ja etwas dagegen tun. Ich muss nur dafür sorgen, dass ich „wertvoller" werde.

Erst später, in der Pubertät oder im Erwachsenenalter, erkennen wir an, dass es im Leben viele Unsicherheiten gibt. Zu dem Zeitpunkt sind die Minderwertigkeitsgefühle schon zur Tatsache geworden. Dann haben wir schon gelernt, unser Leben danach auszurichten, uns Ersatzwertigkeiten zu geben. Damit meine ich, dass wir unser Leben nicht danach ausrichten, die Minderwertigkeitsgefühle bei ihren Wurzeln zu packen. Dafür müssten wir verstehen, warum sie da sind, was uns in den meisten Fällen niemand wirklich erklärt hat. Und wir müssten Selbstliebe üben, was uns leider nicht (gut) beigebracht wurde. So wird der Minderwert die Wahrheit über unser Leben. Dies bedroht uns, da wir tief in uns den biologischen Instinkt haben, dass wir ein wertvolles Mitglied der Gesellschaft sein müssen. Mit Gesellschaft sind hier auch die Familie, die Mitschüler, die Freundesclique, der Kollegenkreis, die Arbeitsstelle und eben auch die Gesellschaft gemeint.

Ach, ist das nicht zum Verrücktwerden? Wir brauchen Minderwertigkeitsgefühle als Schutz vor nicht aushaltbaren Gefühlen und lebensbedrohlichen Stresshormonausschüttungen. Gleichzeitig erleben wir Minderwertigkeitsgefühle immer als einen Unsicherheitsfaktor, der wiederum Stress macht. Nur als ein wertvolles Mitglied fühle ich eine gewisse Sicherheit, als minderwertiger Teil der Gesellschaft tue ich das nicht. Dass da der ein oder andere Mensch durchdreht und Amok läuft oder manche Menschen Kriege beginnen, ist tatsächlich gar nicht so verwunderlich – was es erklärt, aber nicht rechtfertigt, denn es gibt ja auch immer noch die Möglichkeit der Liebe, um auf Minderwertigkeitsgefühle zu reagieren.

Es gibt noch etwas weniger zerstörerische Ersatzwertigkeiten für unsere Minderwertigkeitsgefühle, jedoch zum Erfolg führen sie alle nicht. Dies sind die getriebene Suche nach Erfolg und das ständige Erbringen von Leistung in der Arbeit, die schlanke Figur oder das Sixpack, das teure Auto, der Brilli im Ohrläppchen, die Machtposition, das liebe Geld usw. Wirklich wertvoller fühlen wir Menschen uns damit nicht.

Alles, was Du hier oder woanders zum Thema Selbstliebe oder Selbstmitgefühl lernst, entzieht Deinen Minderwertigkeitsgefühlen den Nährboden. Ich kann es nur immer wieder betonen: Übe, Dich selbst zu lieben und Mitgefühl für Dich zu haben. Übe es, wann immer es geht, mache es zu einer Grundhaltung in Deinem Alltag. Schenke Dir freundliche oder liebevolle Blicke im Spiegel, nimm Deine Gefühle an und gib ihnen ein Zuhause. Versuche die Übungen aus diesem Buch oder andere Methoden wie die der Herzintelligenz® oder der Polyvagal-Theorie, erforsche die Aspekte der Liebe und des (Selbst-)Mitgefühls in Deiner Religion oder Spiritualität. Dein Selbstwertgefühl wird es Dir danken.

Vielleicht hast Du schon bei dem ein oder anderen Thema entdeckt, welche Übungen Dir liegen. Alle Übungen, die das Selbstmitgefühl und die Selbstliebe steigern, haben einen positiven Einfluss auf Dein Selbstwertgefühl. Daher kannst Du die entsprechenden Übungen immer auch bei Minderwertigkeitsgefühlen anwenden. Wenn Du zum Beispiel in Kontakt mit Deinem inneren Kind bist, schenkst Du Dir selbst jedes Mal Wertschätzung. Das ist unabhängig davon, ob Du zu Gefühlen von Angst, Wut, Widerstand oder Scham liebevoll auf Dein inneres Kind zugehst. Du kannst natürlich auch mit einem inneren Kind oder einem Ich, das sich minderwertig fühlt, direkt arbeiten. Rede Dir dabei bitte die Minderwertigkeitsgefühle nicht aus, sondern zeige durch Deine Zuwendung, dass Dein Ich wertvoll ist. Erst wenn es spürbar wird, dass wir mitfühlend oder verständnisvoll auf uns selbst reagieren, verändert es etwas an unserem Selbstwertgefühl. Du kannst Dir selbst auch positive Botschaften geben, die Dich aufbauen. Du kannst Dein inneres Kind in den Arm nehmen und ihm sagen, wie dankbar Du bist, dass es überlebt hat. Oder Du schaust Dich freundlich im Spiegel an und sprichst Dir zu: „Du bist geliebt. Ich habe Dich lieb."

Unser Leben wird leichter, wenn wir uns selbst wertschätzen, weil es einfach gute Gefühle macht. Noch ein weiterer Grund spielt eine Rolle: Es wird leichter, weil wir damit etwas Positives ausstrahlen. Andere Menschen merken sehr gut, was sie mit uns machen können, wenn wir selbst denken, dass wir nicht liebenswert sind. Minderwertigkeitsgefühle werden nur zu gerne zu sich selbst erfüllenden Prophezeiungen. Strahlen wir dieses „Ich bin es nicht wert" aus, behandeln uns bestimmte Menschen dementsprechend schlecht. In der Regel sind dies Menschen, die selbst Minderwertigkeitsgefühle haben. Ihr Muster ist, ihnen ausgelieferte Menschen mit schon vorhandenen Minderwertigkeitsgefühlen zu Opfern zu machen. Dies kann über Taten und über Worte erfolgen. Dadurch reduziert sich das Selbstwertgefühl der herabgewürdigten Personen noch mehr. Den Tätern geht es trotzdem nicht besser, denn ihre eigenen Minderwertigkeitsgefühle werden dadurch nicht gelöst. So machen sie immer weiter mit ihrem abwertenden Verhalten. Ein Teufelskreis entsteht.

Gehe mit Dir selbst liebevoll um, aber gehe bitte gerade mit

Menschen mit Minderwertigkeitsgefühlen wertschätzend und liebevoll um. Sie haben es verdient.
Wenn wir statt der Minderwertigkeitsgefühle eine innere Haltung von Selbstliebe, Selbstrespekt und Wertschätzung für uns und andere aufbauen, spiegeln es die anderen Menschen uns positiv wider. Daher ist es mir ein Anliegen, Dir zu sagen, was Du wert bist:
Du bist den Himmel auf Erden wert.

Schwer zu glauben in Anbetracht der schlechten, schmerzhaften Erfahrungen in Deinem Leben? Die schlechten Erfahrungen sind kein Beweis für Deinen „geringen" Wert. Sie führen nur zu Minderwertigkeitsgefühlen als Schutz vor dem Schmerz. Diesen Unterschied zu begreifen, ist wirklich wichtig, daher wiederhole ich dies immer wieder. Schlechte Erfahrungen sind in Deinem Leben geschehen, aber sie beschreiben keine Wahrheit über Dich und Deinen Wert. Die Tatsache, dass Du verletzt wurdest, ist keine Aussage über Deinen Wert.
Es gibt nur diese Wahrheit, die für Deinen Wert gilt: Du bist es wert, geliebt zu werden.
Spüre den Boden unter Deinen Füßen. Nimm einen tiefen Atemzug und atme lange aus. Schenke Dir einen liebevollen Blick oder lege die Hand auf Dein Herz. Und dann lies das Folgende mit Deinem Herzen:
Du bist es wert, geliebt zu werden. Du bist es wert, dass Dein Schmerz Frieden erfährt. Du bist es wert, dass Deine „schlechten" Seiten und Deine (gefühlte) Schuld in Liebe angenommen werden. Du bist es wert, Liebe, Frieden und Glück als Dein Grundrecht zu erfahren. Du bist es wert, Liebe zu leben. All das bist Du wert! Du bist den Himmel auf Erden wert.

III. Andere Perspektiven

Du hast jetzt einiges erfahren, warum wir Menschen so sind, wie wir sind. Du hast einen Einblick bekommen, warum es uns so schwerfällt, den Himmel zu leben. Gleichzeitig hast Du erfahren, dass der Himmel in uns angelegt ist und wir die Verantwortung haben, Liebe zu leben. Dann konntest Du zu verschiedenen Themen und Gefühlen Übungen machen, die Dich der Liebe und dem Mitgefühl nähergebracht haben. Schließlich konntest Du erfahren, dass Scham-, Schuld- und Minderwertigkeitsgefühle wichtige Schutzfunktionen haben und nicht die Wahrheit über Dich erzählen. Dabei konntest Du wieder einen Schritt auf Selbstliebe und Liebe zugehen, weil Du erfahren durftest, was Du alles Wunderbares wert bist.

Jetzt möchte ich Dir gerne noch einen weiteren Schritt ans Herz legen: den Schritt, Deine Einstellungen und Perspektiven zu verändern.

Es ist in der Menschheitsgeschichte an der Zeit, einige gewaltige Perspektivenwechsel vorzunehmen. Die Menschheit besteht nicht aus den anderen, die sich verändern müssen. Die Menschheit wird durch Dich und durch mich geformt. Unsere Liebe und unser Herz machen den entscheidenden Unterschied. Du bist wichtig.

Die notwendigen Perspektivenwechsel können wir jetzt machen, weil wir immer besser begreifen, wie wir Menschen ticken. Unsere Muster, vor allem die, die unter Stress und Traumatisierungen entstanden sind, dominieren die Mensch-

heit und damit unsere Welt. Sie haben die Menschheitsgeschichte zu einer Aneinanderreihung von Kriegen und Nöten gemacht. Inzwischen sind wir so weit, dass wir unseren wunderschönen Planeten und damit die Lebensgrundlage für uns Menschen und so viele andere wunderbare Geschöpfe zerstören.
Jetzt gilt es aufzuwachen und die Menschheitsgeschichte zum Guten zu wenden. Holen wir den Himmel auf die Erde. Hier und jetzt!

1. Kind Gottes, werde erwachsen!

Wir Menschen leben sehr oft aus der Perspektive des Kindes. Ein Kind ist darauf angewiesen, dass es versorgt wird. Wenn wir vergleichen, wie fähig andere Tiere sind, wenn sie auf die Welt kommen, ist der Mensch als Baby äußerst hilflos. Wir gehören zu den Säugetieren. Viele neugeborene Säugetiere können sich von selbst zu Mutterbrust, Euter, Zitze, also zu ihrer Nahrungsquelle, bewegen. Wir Menschen können dies nicht. Noch nicht einmal nach Monaten ist es uns möglich. Wir würden innerhalb kürzester Zeit sterben, würde uns nicht jemand mit Nahrung versorgen. So sind wir unserer Umgebung komplett ausgeliefert. Uns schützen oder Gefahr abwehren können wir auch nicht. Nüchtern betrachtet sind wir in unserer ganzen Hilflosigkeit als Säuglinge prädestiniert für Traumatisierungen. Weil wir durch die Traumatisierungen in unserer Entwicklung stecken bleiben, werden das kindliche Denken und Fühlen zu unseren Lebenseinstellungen. Wir wollen, dass die anderen – von einzelnen Menschen über

Gruppen bis hin zu Institutionen wie der Regierung – unsere Probleme lösen. Wir übernehmen nicht die Verantwortung für unsere Gefühle. Unsere Sprache gibt das gut wieder: „Das macht mir Angst", „Du machst mir Sorgen" usw. Unser Gegenüber soll sich gefälligst anders verhalten, damit wir bestimmte Gefühle nicht fühlen müssen. „Außerdem, wenn mein Gegenüber mich wirklich lieben würde, würde er/sie doch telepathisch wissen, was ich brauche und fühle. Letztendlich bin ich doch nur ein armes Opfer der Umstände." Klingt hier etwas sarkastisch, aber ich meine das ehrlich – so ticken wir Menschen, denn diese Einstellungen stammen aus unserer Kindheit.

In der Kindheit können wir unsere (Stress-)Gefühle noch nicht regulieren und brauchen andere Menschen, die uns ohne Worte verstehen und die Verantwortung für unsere Zustände übernehmen bzw. sich fürsorglich um uns kümmern. In unserer Kindheit sind wir vielen Umständen hilflos ausgeliefert und geraten dadurch viel zu schnell und zu häufig in Opfererfahrungen. Leider bleiben wir durch unsere Traumatisierungen und unser Unwissen über die Zusammenhänge oft darin gefangen. So denken und fühlen wir als erwachsene Menschen immer noch so wie als Kinder.

Wir wollen das nicht unbedingt gerne hören, aber als erwachsene Menschen müssen wir die Verantwortung für den Umgang mit unseren Gefühlen übernehmen. Wir selbst sind verantwortlich und kein anderer Mensch. Es ist immer wieder wichtig, es genau zu verstehen: Wir sind nicht automatisch verantwortlich für unsere Gefühle – wir sind für den Umgang mit unseren Gefühlen und Erfahrungen verantwortlich. Es liegt an mir, wie ich mit meinen Gefühlen umgehe und ob ich meinen Gefühlen ein Zuhause gebe. Es ist nicht verwerflich, wenn ich dies nicht kann, solange ich bereit bin, es zu lernen. Ich kann dabei zweifach gewinnen: Mir und meinen Gefühlen geht es besser, wenn ich sie liebevoll annehmen kann. Außerdem gewinne ich dadurch an Freiheit. Solange andere für meine Gefühle verantwortlich sind, bin ich abhängig von ihnen und bleibe in einer Art Opferhaltung stecken. Erst wenn ich für meine Gefühle sorge, gewinne ich eine friedvolle Freiheit.

Ein weiteres Problem unserer kindlichen Lebenseinstellung ist, dass wir um unsere Bedürfnisse und Bedürftigkeit kreisen. Ein Kind muss um seine Bedürfnisse kreisen. Das hat nichts mit Egoismus zu tun, das ist überlebensnotwendig. Wenn ein Kind seine Bedürfnisse verlässlich gestillt bekommt, gewinnt es Vertrauen ins Leben. Dies ist die erste Etappe. Wenn ein heranwachsender Mensch lernen darf, für die eigenen Bedürfnisse gut zu sorgen, gewinnt er/sie Selbstvertrauen. Dies ist die zweite Etappe, die unbedingt notwendig ist. Beiderlei Vertrauen sind wichtig, damit wir nicht an unsere Bedürfnisse nach Nähe, Sicherheit, Wert etc. gefesselt bleiben.

Leider bleiben viel zu viele Kinder körperlich wie seelisch hungrig. Sie werden in materielle Armut, in Kriege oder in zerrüttete Familien hineingeboren. Oft sind die Eltern selbst traumatisiert und haben nicht lernen können, wie sie sich um ihre eigenen Bedürfnisse und die ihrer Kinder verlässlich kümmern können. Leider wird zu wenig Heranwachsenden beigebracht, liebevoll für sich selbst zu sorgen. Familienangehörige und Erzieher, Lehrer etc. wissen es nicht besser und sind oft schon mit ihrem eigenen Leben überfordert. So bleiben wir Menschen zu oft in unserer unerfüllten kindlichen Bedürftigkeit hängen, auch wenn wir schon längst erwachsen sind.

Die Erfüllung unserer emotionalen Bedürfnisse suchen wir dann bei anderen Menschen, in Freizeitbeschäftigungen, in Statussymbolen, in Drogen usw. Dabei werden selbst toxische Beziehungen und seelische und gesundheitliche Schäden in Kauf genommen. Es hat uns niemand gut beigebracht, wie es anders gehen kann. Und selbst wenn es uns jemand erklärt, bleibt es erst einmal schwer. Unsere unerfüllten Bedürfnisse liebevoll anzunehmen, ist nicht leicht, denn dabei spüren wir den damit verbundenen Schmerz.

Es ist genau dieser schwere Weg der Liebe, der uns als Individuum und als Menschheit erlöst. Aus der Liebe heraus können wir uns und andere heilen, wir können die Dinge zum Positiven wenden. Es ist die Liebe, die unseren inneren Mangel in Fülle verwandelt. Aus dieser Fülle heraus können wir den Himmel leben, weil uns unsere Bedürftigkeit nicht mehr im Griff hat.

Wir können uns gerne als Kinder Gottes sehen. Wenn wir dabei missverstehen, dass wir nur um unsere Bedürftigkeit kreisen und die Probleme dieser Welt dem lieben Gott überlassen, läuft es nicht gut. Wenn wir uns als erwachsene Menschen weiterhin aus der Verantwortung für uns und die Welt stehlen, produzieren wir weiter Leid. Kind Gottes sein heißt nicht, ein kindisches Wesen zu sein. Es bedeutet vielmehr, dass wir die Erben Gottes, die Erben des Himmels sind.

Als Erben sind wir die Verwalter des Himmels. Vertrauen wir uns als Kinder und Erben Gottes der Liebe an, können wir

den Himmel auf die Erde holen. Dann kümmern wir uns nicht mehr nur um uns selbst, sondern um den Nächsten. Dann werden wir geführt und geleitet von Liebe und Mitgefühl.
Jedes Mal, wenn Du Mitgefühl, Selbstliebe und Liebe übst, verkörperst Du den Himmel. Dafür ist es wichtig, dass wir begreifen, dass wir die Verantwortung dafür übernehmen müssen. Es ist unsere Entscheidung, ob wir in die Liebe und in den Himmel hineinwachsen. Es ist nicht die Schuld der anderen, dass die Welt ein „schlechter" Ort ist.
Es ist unser aller Verantwortung, aus der Welt einen guten Ort zu machen!

Wir müssen herauskommen aus der kindlichen Perspektive, dass wir es nicht in der Hand hätten. Als Kinder waren wir den Umständen ausgeliefert. Auch dies hat unser Empfinden geprägt und so fühlen wir uns oft machtlos. Es scheinen immer die Umstände, das Schicksal, Karma oder der liebe Gott dafür zuständig zu sein, was passiert. Auch hier müssen wir erwachsen werden und uns aus der traumatisiert-kindlichen Perspektive der Machtlosigkeit und Handlungsunfähigkeit befreien.
Wir haben es in der Hand. Besser gesagt, wir haben es in unseren Herzen. Jeder Mensch hat das Organ Herz, ein elektromagnetisches Herzfeld und einen ventralen Vagusnerv. Jeder Mensch kann lernen, Liebe und Mitgefühl zu leben.

Ich möchte Dir und mir die Tür öffnen, dass wir zu liebevollen, verantwortungsbewussten, erwachsenen Verwaltern des Himmels werden. Du darfst Dich der Liebe anvertrauen mit allem, was Du hast und bist.

Nimm die Liebe an, gib ihr Raum in Dir und Deiner Persönlichkeit. Lass die Liebe wahr werden in Deinem Körper, indem Dein Herzfeld jeden Tag weiterwächst. Sei Dir sicher, dass Du geliebt bist von Gott, von Menschen, von der Natur, von mir. Warte nicht wie ein Kleinkind darauf, dass der Himmel um Dich herum entsteht. Begreife, dass der Himmel in Dir veranlagt ist und Du die Verantwortung hast, den Himmel zu leben, genauso wie alle anderen Menschen auch.
Ich verstehe gut, wenn hier ein Widerstand entsteht. Das ist in Ordnung – betrachte Deinen Widerstand so gut es geht mit Mitgefühl. Du bist es nicht gewohnt, so zu denken, vielleicht löst es sogar Angst oder Druck aus. Das tut mir leid, ich kenne diese Reaktionen von mir selbst. Dein Widerstand darf sein, auch er ist von der Liebe gehalten. So schwer es sich auch anfühlen mag, aus der kindlichen in eine erwachsene Perspektive zu wechseln: Tue es in Liebe. Dein Herz hilft Dir, dass es leichter wird. Mit der Zeit wirst Du eine schöne Erfahrung machen. Die Verantwortung zu übernehmen, den Himmel zu leben, fühlt sich einfach gut an und tut gut.
Werde zur erwachsenen Erbin, zum Verwalter des Himmels, indem Du Dich in die Liebe hineinstellst und Liebe lebst.

2. Die Verwechslung von Form und Inhalt

Um verantwortungsvolle, erwachsene Individuen zu sein, die den Himmel verkörpern, müssen wir lernen, auf den Inhalt statt auf die Form zu fokussieren. Die Liebe ist der einzige Inhalt, der zählt. Viele Menschen leben diesen Inhalt schon und sind gute, mitfühlende Menschen, die sich leidenschaftlich engagieren, die Welt zu einem besseren Ort zu machen. Leider haben wir es im Laufe der Menschheitsgeschichte geschafft, die Form zum Inhalt zu machen und damit viel Leid in die Welt gebracht. Der Mensch neigt dazu, Dogmen aufzubauen, statt einfach sein Herz zu öffnen. Wir sind so sehr damit beschäftigt, die Welt in Richtig und Falsch einzuteilen, dass wir uns nicht mehr darauf konzentrieren, die Liebe, also den Inhalt, zu leben.

Lass Dich bitte einmal auf folgendes Gedankenexperiment ein: Stell Dir vor, wir könnten die Liebe in eine Substanz packen, die im Menschen all das Wunderbare bewirkt, was Liebe bewirkt. Diese Substanz sollte in uns so lange wirken, bis wir selbst in der Lage sind, die Wirkung aus uns heraus zu erzielen. Diese Substanz wäre in fester Form, als Flüssigkeit oder als Gas vorhanden, sodass jeder sie auf eine andere Art einnehmen könnte. In fester Form gäbe es sie zum Beispiel als runde oder ovale Pillen, als Flüssigkeiten gäbe es durchsichtige oder farbige Varianten: blaue, grüne oder rote. Die Substanz würde also auf unterschiedliche Arten verabreicht werden, bei den einzelnen Menschen immer wunderbare, liebe- und friedvolle Zustände erzeugen.

Das erste Problem besteht darin, dass wir Menschen nicht verstehen, dass wir selbst lernen sollen, die Wirkung zu erzielen, die diese Substanz macht. Wir bleiben, wie schon besprochen, in der kindlichen Abhängigkeit stecken und meinen, uns ginge es nur gut, würden andere oder die Umstände uns die Substanz geben. Deshalb müssen wir trotz aller Traumatisierungen erwachsen werden.

Das zweite Problem besteht in der Verwechslung von Form und Inhalt. Wir Menschen begreifen oft nicht, was der Inhalt dieser Substanz ist – er ist schwer zu greifen. Stattdessen konzentrieren wir uns auf die Form, weil die für unser Gehirn greifbar ist. Wir meinen, die Substanz hätte gewirkt, weil sie in Form einer runden Pille oder als blaue Flüssigkeit gewirkt hat. Wir schlussfolgern daraus, dass alles, was diese Form hat, die gleiche Wirkung bei uns erzielen müsste. Wir übersehen dabei, dass die gleiche Form nicht automatisch den gleichen Inhalt haben muss. So täuschen wir uns selbst und schreiben der Form die Wirkung zu. Wir meinen, dass es die Form ist, die uns wieder in den schönen Zustand des Geliebtseins versetzen wird. Wir versuchen, die Form zu reproduzieren, um die Wirkung zu erzielen. Die Form an sich wirkt nicht, wenn sie nicht den Inhalt in sich trägt. Dadurch werden wir unglücklich und entfernen uns immer mehr von der Liebe.

Da wir nicht verstehen, was unser Denkfehler ist, klammern wir uns immer mehr und mit der Zeit immer fanatischer an die uns verabreichte Form. Dann erklären wir, dass einzig und allein die Pille die „wahre Substanz" ist. Flüssigkeiten und Gase können gar nicht wirken, denn sie sind ja nicht fest. Wehe, jemand behauptet, Flüssigkeiten seien die einzige wahre Substanz. Die Anhänger der Pille versuchen, die Anhänger der Flüssigkeit von ihrer Form zu überzeugen und umgekehrt. Gelingt das nicht, wird sich gegenseitig angefeindet und irgendwann herrscht Krieg. Die Anhänger der jeweiligen Formen werden immer extremer. Mit der Zeit wenden sich die Anhänger der Pille auch noch gegeneinander. So bekämpfen die Anhänger der runden Pille die Anhänger der ovalen

Pille. Genauso meinen die Anhänger der blauen Flüssigkeit, dass sie die einzige Wahrheit vertreten. Also bekämpfen sie auch noch die Anhänger der roten Flüssigkeit. Von dem eigentlichen Inhalt, der Liebe, sind wir Menschen oft meilenweit entfernt. Wir sind alle aus der Liebe erschaffen. Trotzdem bekämpfen wir uns wegen unserer Formen wie der Kultur, Religion oder Konfession, der Hautfarbe, der Volkszugehörigkeit oder Nationalität, des Geschlechts, der sexuellen Orientierung usw. Die Schulmedizin kann nichts mit der Alternativmedizin anfangen, Naturwissenschaftler und religiöse Menschen beäugen sich kritisch, wir müssen auf einmal für oder gegen das Impfen sein, und abgesehen davon „kann überhaupt nur mein Fußballverein der einzig wahre sein. Wer etwas anderes behauptet, bekommt eins auf die Mütze". Wo bleibt da die Liebe?

Ein drittes Problem ist, dass wir dadurch nur an etwas glauben, aber nicht automatisch dem Inhalt glauben, das heißt vertrauen können. Auch das ist oft ein Resultat unserer (frühkindlichen) Traumatisierungen. So bekennen wir uns zum Beispiel im christlichen Glauben zu Jesus als unseren Erlöser. Leider wirken viele Menschen im Christentum gar nicht erlöst. Dies ist kein Vorwurf, dass damit der Glaube falsch wäre. Ich kenne das von mir selbst. Ich liebe den dreieinigen Gott. Ich liebe Gott, ich liebe Jesus, ich liebe den Heiligen Geist. Erst die Fortbildungen und die Therapie bei Eva Neuner, das Arbeiten an mir selbst, gute Bücher, das Erkennen und Verstehen meiner Traumatisierungen, das aktive Einüben von Liebe und Mitgefühl haben mich die Liebe Gottes als

Realität begreifen lassen. Hier kann ich mich nur immer wieder bei der wunderbaren Eva Neuner bedanken, bei der ich so viel über mich und dadurch über den Himmel lernen durfte. So erklärt sie in dem Buch *Die Seele und das wahre Selbst*: „Das wahre Selbst kommt direkt von Gott, das Leben wird neu, wenn wir ihm wirklich folgen und auch ein Bewusstsein dafür bekommen." [22]
Eva Neuner praktiziert altersbedingt leider nicht mehr, hat aber eine Website, mehrere Bücher und philosophische Texte geschrieben.[23]

Ich kann noch so sehr an „etwas" glauben – wenn die Liebe nicht zur Basis meines Lebens wird, bleibt mein Glaube unwirksam. Dann spielt es auch keine Rolle mehr, ob ich einer Religion angehöre oder nicht.

Der Liebe zu glauben heißt, mich ihr anzuvertrauen mit allem, was ich bin. Wenn ich nicht nur an die Liebe glaube, sondern der Liebe glaube und vertraue, darf ich ihr jeden Schmerz und jedes noch so schlimme Gefühl anvertrauen. Dann bewirkt die Liebe etwas in mir.

Der Liebe glauben heißt, sie als die größte Kraft zu begreifen. Es ist die Kraft, die das Leben erschafft und die selbst der Tod nicht auslöschen kann. Das Leben ist auch nur eine Form, nämlich eine Form der Liebe. Vergeht die Form, bleibt immer noch die Liebe bestehen. Der Tod ist nicht das Problem. Wir gehen nur in einen anderen Zustand der Liebe über. Das Problem ist, dass unsere Stressachse und unsere Traumatisierungen uns erzählen, dass wir ein Leben lang dafür kämpfen müssten, nicht zu sterben. Am Ende sterben wir ja sowieso. Warum verschwenden wir unser Leben mit Kämpfen und dem

ständigen Abspulen der gleichen Muster? Es ist nicht unsere Aufgabe, das ganze Leben lang vor dem Tod davonzulaufen. Es ist unsere Aufgabe, die Liebe und den Himmel zu verkörpern. Tun wir das, spüren wir die Ewigkeit mitten in unserem vergänglichen Leben. Dann wissen wir auch, dass wir wahrlich erlöst sind und keine Angst vor dem Tod haben müssen.
Willst auch Du den Himmel auf Erden, wechsle die Perspektive. Der Himmel ist keine Form, auf die Du warten musst, bis Du tot bist. Der Himmel ist nichts, wofür Du Leistung erbringen oder es wert sein musst, damit Du in diese Form hineinkommst. Der Himmel existiert nicht deswegen, weil Du an ihn glaubst. Er existiert aus sich heraus.
Der Himmel ist der Inhalt, aus dem wir gemacht sind.
Der Himmel ist in Dir – Du kannst ihn leben.

3. Die Liebe zum Leid

Die Liebe als einzig wahren Inhalt zu leben, gilt vor allem dann, wenn es um Leid geht.
Wir haben in uns einen Schutzmechanismus, der uns befähigt, uns vom Schmerz abzuwenden. Biologisch betrachtet ist das sinnvoll. Schmerz ist ein Hinweis auf Gefahr und von Gefahr sollte ich mich möglichst schnell zurückziehen. Als akute Schutzreaktion ist dies sehr gut. Leider erstarren wir oft in dieser Schutzreaktion, wenn wir erleben, dass ein körperlicher oder seelischer Schmerz nicht aushaltbar ist. Passiert uns dies in jungen Jahren, wird es wieder zu einem Muster, zu einer Lebenseinstellung. Dann gilt es, Leid und Schmerz mit allen Mitteln auszuweichen. Es ist gut, dass einige Menschen

auf Leid mit Zuwendung reagieren. Diese Menschen gehen oft in soziale, helfende oder pflegende Berufe oder engagieren sich ehrenamtlich in ihrer Freizeit für Menschen, Tiere und/oder die Umwelt.

Ich muss hier einfach mal ein riesengroßes *Danke* an Euch alle sagen, auch wenn Ihr noch viel, viel mehr verdient habt! Die Tatsache, dass unsere Gesellschaft Leid nicht mit Liebe und Wertschätzung betrachten kann, zeigt sich für mich ganz deutlich darin, dass gerade die Menschen in sozialen Berufen so viel weniger Geld verdienen als Menschen in anderen Berufen.

Nicht nur daran können wir erkennen, dass wir einen anderen Umgang mit Leid brauchen, als wir ihn bisher pflegen.

Kein Mensch muss das Leid gut finden. Dennoch können wir lernen, Leid und leidenden Menschen, Tieren und der leidenden Natur mit Liebe, Mitgefühl und Wertschätzung zu begegnen. Das heißt als Erstes wieder, meinem eigenen Leid liebevoll zu begegnen. Davon hast Du in diesem Buch schon einiges erfahren und hoffentlich auch anwenden können. Je mehr wir das können, desto mehr werden wir zum Segen für andere.

Ich kenne den Unterschied zwischen dem liebevollen Halten von Leid und Schmerz und der Wegwendung vom Leid. Ich kenne dies von beiden Seiten, als Empfängerin und als Senderin. Ich weiß, dass auch ich schon auf das Leid von Menschen nicht liebevoll reagiert habe und Menschen damit nicht helfen konnte. Dies tut mir sehr leid, denn ich weiß, wie wohltuend es für Menschen sein kann, sie in ihrem Schmerz liebevoll zu halten. Ich kenne es aber auch gut, wenn ein Mensch mitfühlend und mit Zuwendung auf mein Leid reagiert oder eben nicht. Von schlauen Ratschlägen und Plattitüden über hilfloses Mitleid oder mich stehen lassen und davoneilen bis hin zu versteinerten Gesichtern ist mir schon manches begegnet. Dies hat Schmerz in mir ausgelöst. Furchtbar finde ich, dass es manche Menschen noch schlimmer erleben. Sie werden in ihrem Leid noch ausgelacht, bestraft oder sogar missbraucht. Das alles macht Leid doppelt grausam.

Wenn wir auf Leid mit Liebe reagieren, geben wir dem leidenden Wesen eine Verbindung und damit Sicherheit, egal ob das wir selbst sind oder ein anderer Mensch oder ein Tier ist. Wir Menschen brauchen Bindung – gerade im Leid müssen wir spüren, dass wir in einer liebevollen Verbindung zu jemandem stehen.

Dem mag erst einmal widersprechen, dass es viele Menschen gibt, die im Leid lieber allein sind als unter Menschen. Das hat unterschiedliche Gründe. Manche Menschen haben Angst, dass sie andere zu sehr belasten. Leider haben diese Menschen erlebt, dass andere nicht mit Mitgefühl und Halt gebendem Vertrauen reagiert haben, weil sie in der Regel selbst mit der Situation überfordert waren. Manch andere Menschen schämen sich für ihr Leiden, weil ihnen beigebracht wurde, dass es eine Schwäche ist und sie doch kein Jammerlappen sein sollen. Wieder andere haben nie gelernt, dass auf ihr Leid mit Liebe oder Verständnis reagiert wurde. Also wissen sie gar nicht, wie sie sich in ihrem Leid öffnen können.

All diesen Menschen ist gemein, dass wir sie nicht bedrängen dürfen. Es ist zu respektieren, wenn jemand nicht über seinen Schmerz reden kann. Vielleicht fragst Du Dich jetzt, wie Du so einem Menschen helfen kannst, wenn er oder sie nicht mit Dir redet.

Öffne Dein Herz. Habe Mitgefühl. Sende Liebe aus.
Es gibt mehr als nur die verbale Kommunikation. Unser Herzfeld kommuniziert auch. Ein Gegenüber profitiert immer von einem offenen, mitfühlenden Herzen unsererseits, auch wenn dabei keine Worte ausgetauscht werden.
Leid erfordert es, mit dem leidenden Wesen in Verbindung zu treten. Dies muss manchmal ganz behutsam und leise geschehen, manchmal darf es auch ganz laut und öffentlich sein.
Dies kann bedeuten, die guten Ratschläge zu lassen und zu schweigen, auch wenn das eigene Kind in Depressionen versinkt, aber nicht aufhören, es zu lieben. Es kann auch bedeuten, auf die Straße zu gehen, weil wieder ein Mensch wegen seiner Hautfarbe oder Religion getötet wurde. Es kann bedeuten, Geld zu spenden, sich bei der Tafel zu engagieren oder einem verletzten Tier Zuwendung zu schenken. Es kann bedeuten, das Meer von Plastik zu befreien, aufs Autofahren zu verzichten oder den Mund aufzumachen, wenn jemandem Unrecht geschieht. Es kann bedeuten, Musik zu machen, einen Film zu drehen, ein Buch zu schreiben oder ein Emoji zu verschicken.
Die Kraft des Herzens ist die einzige funktionierende Antwort auf Leid. Leid und Schmerz sind nicht das Ende. Die Liebe ist der Anfang und die Ewigkeit, denn sie kennt kein Ende.
Leid braucht Liebe und hat sie auch verdient.

Wenn Du auf Leid und Schmerz mit Liebe reagieren kannst, profitierst Du selbst auf mehrere Arten. Es stabilisiert Dich, weil Du Dein eigenes Leid in Liebe halten kannst. Du gewinnst an Selbstvertrauen, weil Du wirksam auf Leid reagieren kannst. Es trägt zu Deiner eigenen Gesundheit und zu der

Deiner Umgebung bei, denn auf ein starkes elektromagnetisches Feld des Herzens reagieren unsere Zellen positiv. Es ist eine hochgradig spirituelle Erfahrung, die Dich im Leben trägt. Mit Liebe und Mitgefühl auf Dein eigenes Leid und das Leid anderer zu reagieren, lässt Dich über Dich selbst hinauswachsen. Dann bist Du kein hilfloses kleines Kind mehr, dann fühlst Du, dass Du großartig bist. Du bist großartig, weil Du liebst, auch wenn es wehtut, das Leid zu lieben. Das Spannende dabei ist, dass es immer leichter wird. Das Leid zu lieben, verändert das Leid. Das Leid zu lieben, verändert auch Dich. Es macht Dich stärker, indem Du weicher wirst. Es stabilisiert Dich, indem Du mehr Herzenswärme ausstrahlst. Es macht Dich erwachsener, indem Du Frieden mit Deiner Kindheit findest. Es macht Dich handlungsfähiger, indem Du die Ohnmacht des Leids liebevoll aushältst. Es verbindet Dich mit der Ewigkeit, indem Du im Hier und Jetzt lebst. Es macht Dich zu einer Verkörperung des Himmels, indem Du einfach nur Du bist.

Leid ist nicht der Beweis dafür, dass es den Himmel nicht gibt.
Leid ist die Herausforderung an uns, den Himmel zu verkörpern!
Leid bringt uns dazu, im allerbesten Sinne Gott zu spielen. Wenn wir mit Liebe auf Leid und Schmerz, auf Traumata und Schockzustände, auf Angst und Verzweiflung, auf Wut und Hass reagieren, dann wird Gott in uns gegenwärtig. Auch wenn Letzteres für Dich religiös klingen mag, hat es am Ende nichts mit Religion zu tun. Leid fordert Dich und mich heraus, das Beste in uns zu finden. Die Liebe an sich und vor allem

die Liebe zum Leid darf nicht durch religiöse oder philosophische Dogmen begrenzt werden. Wenn ein Mensch leidet, spielt es keine Rolle, welcher Religion er oder sie angehört. Es spielt keine Rolle, welche Kultur, Hautfarbe, Nationalität oder Denkweise diese Person hat. Es spielt keine Rolle, ob ich die Person mag oder nicht.
Wenn ein Wesen leidet, hat es Liebe verdient.

Leid ist keine Antwort oder Strafe auf etwas. Manche Menschen glauben, Leid wäre die Antwort für Unglauben oder die Strafe für schlechtes Verhalten. Ich sehe es anders. Ich empfinde Leid als eine Aufforderung. Es ist die Aufforderung an uns, den Himmel zu leben. Leid stellt die Frage nach der Liebe, und es liegt an uns, diese Antwort zu geben. Die Liebe zum Leid verlangt Mut, Stärke und Hingabe genauso wie gerechtes Handeln und Wertschätzung.
Dein Leid und Schmerz sind in Liebe gehalten und angenommen. Das Leid aller ist gehalten in Liebe. Die Liebe ist das, was am Ende bleibt – und nicht das Leid.
Leid vergeht, Liebe ist ewig.

4. Denk- und Fühlmuster

Damit wir diesen Perspektivwechsel vollziehen können, ist es wichtig, unsere Denk- und Fühlmuster zu hinterfragen und gegebenenfalls zu durchbrechen.
Jeder Mensch geht mit Mustern durch das Leben. Wenn es positive, liebevolle Muster sind, verläuft das Leben gefühlt leichter. Ich begegne durch meine Arbeit vielen Menschen.

Manche Menschen scheinen es objektiv schwer zu haben und sind trotzdem positiv veranlagt, andere Menschen haben von außen betrachtet alles und leiden doch sehr. Natürlich spielen die Umstände dort eine große Rolle, wo existenzielle Bedrohungen wie Krieg, Hunger, Naturkatastrophen, Diktaturen usw. herrschen. Sich in solch bedrohlichen Lebenslagen glücklich und zufrieden zu fühlen und positiv zu denken, ist zu viel verlangt. Wie schaut es unter besseren, nicht bedrohlichen Umständen aus?

Leider halten wir, die wir in friedvollen und relativ wohlhabenden Lebenslagen zu Hause sind, oft an negativen Denk- und Fühlmustern fest. Hier scheinen die positiven Umstände nicht auszureichen, um uns zu zufriedenen Menschen zu machen.

Du hast schon einiges im Laufe dieses Buches mitbekommen, warum wir Denk- und Fühlmuster haben.

Wichtig ist zu verstehen, dass unser Gehirn in seiner Funktion, unser Überleben zu sichern, sich ein Bild vom Leben und der Welt aufbauen muss. Dieses Bild hilft, auf Gefahren möglichst schnell zu reagieren, was lebensrettend sein kann. Hätten wir dieses abgespeicherte Bild nicht, müssten wir jedes Mal neu überlegen, warum es sinnvoll ist, an der roten Ampel zu halten, nicht ins Löwengehege zu klettern, keine giftigen Beeren zu essen usw. Wir speichern potenzielle Gefahren nicht nur als Gedanken, sondern eben auch als Gefühle ab. Jeder, der Angst vor Spinnen, Schlangen, Hunden usw. hat, kann das bestätigen.

Der größte Teil des Bildes bzw. unserer Lebenseinstellungen prägt sich in den ersten Lebensjahren aus. In dieser Zeit ist unser Gehirn sehr beeindruckbar, um möglichst unkompliziert und schnell zu lernen. So lernen wir unsere Muttersprache nebenher im Aufwachsen, während wir eine Fremdsprache in späteren Jahren deutlich mühsamer lernen müssen. Genauso beeindruckbar sind wir auch in Bezug auf Gefühle und Bedürfnisse bzw. den Umgang damit. Wir lernen zum Beispiel unbewusst, ob Weinen erlaubt ist oder mit Liebesentzug bestraft wird. Wir lernen, ob wir sagen dürfen, dass wir etwas nicht wollen oder ob wir uns lieber möglichst angepasst verhalten sollten. Was vor allem massiv unser Leben beeinflusst, ist, dass in dieser Zeit sich das Selbstwertgefühl, das Urvertrauen, die Selbstwirksamkeit und noch andere subtile Einstellungen zu uns selbst, zu anderen Menschen und zum Leben hin ausprägen.

Hier spielt das Generalisieren des kindlichen Gehirns eine große Rolle. Generalisieren heißt, dass ein Kind von einer Sache auf alle anderen gleich aussehenden, gleich klingenden, gleich riechenden oder sich gleich anfühlenden Sachen verallgemeinert. Dies erleichtert den Lernvorgang in Bezug auf Gefahren. Es ist sinnvoller, erst einmal alle dunklen Früchte als giftig einzustufen, wenn man einmal den giftigen Effekt einer Tollkirsche erfahren hat. Später hat man die Zeit, den Unterschied zu essbaren dunklen Kirschen oder Beeren zu lernen. Im Laufe der Evolution hat dies die Art erhalten. Ein kindliches Gehirn ist außerdem noch nicht so weit entwickelt, dass es die komplexe Aufgabe des Differenzierens ausüben kann. Zum Differenzieren brauchen wir viele Nervenverbindungen. Die meisten unserer Nervenverbindungen dienen vorrangig dem Überleben. Differenzierungen sind ein Luxus, den sich das kindliche Gehirn noch nicht leisten kann. Dieses Generalisieren machen wir als Kinder in den unterschiedlichsten

Bereichen. Erfährt ein Kind, dass der Nachbarhund *Prinz* heißt, werden erst einmal alle Hunde *Prinz* genannt. Das ist meist noch putzig anzuschauen. Von viel größerer Bedeutung ist aber, wenn ein Kind erfährt, dass sein Vater unter Alkohol laut wird und zuschlägt. Hier können sich dem Kind die unterschiedlichsten „Wahrheiten" einprägen: „Laute Menschen sind gefährlich", „Menschen, die nach Alkohol riechen, sind aggressiv", aber vor allem auch „Das Leben ist unsicher, ich bin nicht liebenswert".

Die sogenannten Generalisierungen sind umso umfassender, je früher im Leben sie geschehen. Das heißt, dass vor allem die frühkindlichen (Entwicklungs-)Traumata sich im Denken und Fühlen auf die ganze Person oder auf das Leben generell beziehen. Da kann ein Tadel einer Lehrkraft sofort das Gefühl hervorrufen „Ich bin falsch, ich versage, keiner mag mich", weil sie an unbewusste Erfahrungen aus den ersten Lebensjahren erinnern.

Bei einer Traumatisierung kommt noch das Phänomen dazu, dass wir im Denken und Fühlen stecken bleiben, wie es in der Situation hervorgerufen wurde. Tiefe Verunsicherung, andauernde Ängste, Wut oder Schuldgefühle sind die Folge. Genauso bleiben wir im Generalisieren stecken. Wir verallgemeinern dann auch später im Leben ständig. In den schlimmsten Fällen wird allen Menschen einer anderen Kultur, Religion oder Denkweise das Recht auf ein gutes Leben abgesprochen. Gerade hier dauert es seine Zeit, sich aus diesen Denk- und Fühlmustern herauszuarbeiten. Aber es ist möglich.

Wichtig ist noch einmal zu betonen, dass wir überhaupt realisieren, dass wir in Mustern fühlen und denken.

Die Erfahrungen, die wir im Laufe unseres Lebens machen, interpretieren wir innerhalb dieser Muster. Das heißt nicht, dass sie eine Wahrheit beschreiben, aber in der Regel gehen wir davon aus, dass das die Wahrheit ist. Negativen „Wahrheiten" wiederum versuchen wir unser Leben lang entgegenzusteuern. Halte ich mich für eine Versagerin, versuche ich vielleicht, mich durch Erfolge und Karriere vom Gegenteil zu überzeugen. Dann kann ich Millionen verdienen und halte mich tief in mir drin trotzdem für eine Versagerin. Gehe ich davon aus, dass ich ein schlechter Mensch bin, versuche ich mir vielleicht ständig einzureden, dass ich doch „gut" bin, zucke aber beim geringsten Mangel an Bestätigung zusammen und Kritik vertrage ich gar nicht. Die andere Variante ist, dass wir zwar versuchen gegenzusteuern, unser Verhalten aber nur zu oft unser Muster preisgibt. Da helfen angestrebte Erfolge und Karriere nicht, das „Versagen" kommt immer wieder durch, weil ich mich unbewusst in meinen Erfolgen boykottiere. Ich habe schon erlebt, wie Menschen kurz vor Erreichen eines Ziels aus den verrücktesten Gründen abgebrochen haben, um das Ziel nicht erreichen zu müssen. Diese Menschen können nichts dafür, in ihnen läuft ein Muster ab, zum Beispiel „Erfolg ist gefährlich, nur als Versager bin ich sicher". Diese Muster sind auch sehr hartnäckig auf der Beziehungsebene. Wie oft sagen Menschen, dass sie doch immer wieder an den „Gleichen" geraten. Das geschieht nicht nur bei der Partnersuche, auch im Freundes- oder Kollegenkreis oder bei Vorgesetzten spielen unsere Denk- und Fühlmuster eine Rolle. Egal ob wir die Partner/-innen, den Freundeskreis oder die Arbeit wechseln, wir werden immer wieder an denselben Punkten verletzt. Dann suchen wir nur zu oft die Schuld bei den anderen Menschen, bleiben aber einfach nur in unseren Mustern stecken.

Wie können wir erkennen, dass wir mit Denk- und Fühlmustern durchs Leben gehen? Zuerst ist es wichtig, den Fokus nicht auf die Handlung des anderen Menschen zu legen, sondern auf die eigene Reaktion. Diese Selbstwahrnehmung eröffnet neue Möglichkeiten. Da kann ich erst erkennen, dass mein unverschämter Chef, mein schweigender Partner und mein ungehorsamer Hund dasselbe Gefühl treffen: Sie verunsichern mich und ich fühle mich minderwertig. Oder der ernst blickende Nachbar, die schnippische Kollegin und die pubertäre Tochter, die in ihrem Zimmer schmollt, lösen alle dieselbe Reaktion bei mir aus: Ich fühle mich ungeliebt und gehe zu mir selbst auf Distanz. Indem ich meine eigenen Reaktionen auf unterschiedliche Ereignisse wahrnehme, beginne ich, Muster zu erkennen. Es geht hier nicht um eine ständige Selbstanalyse, die vom Verstand gesteuert wird. Es geht vielmehr um das, was neudeutsch Achtsamkeit genannt wird. Wenn wir uns ohne Wertung selbst wahrnehmen, haben wir schon einen guten ersten Schritt gemacht. Mir hat dabei die einfache Frage geholfen: „Was fühle ich?" So konnte ich den Fokus auf meine Reaktionen legen.

Dabei wertfrei zu sein, spielt eine wichtige Rolle. Nur wenn ein Gefühl da sein darf und nicht automatisch als schlecht bewertet wird, kann ich mich achtsam wahrnehmen. Kann ich durch die Selbstwahrnehmung ein Muster erkennen, kommt die hohe Kunst des Mitgefühls und der Selbstliebe wieder ins Spiel. Denk- und Fühlmuster sind eine Abfolge von angeregten Nervenbahnen einschließlich der Ausschüttung von Neurotransmittern und Hormonen. So wie Züge nur auf Schienen fahren können, können sich Gedanken erst einmal nur nach den vorgegebenen Nervenbahnen aufbauen. Ich habe zum Beispiel keine Nervenverbindungen für das Reparieren eines Autos in meinem Gehirn, aber viele Verbindungen für Psychologie. Genauso habe ich netterweise wenige Verbindungen für Angst vor Hunden, aber viele für Scham in meinem Nervensystem. Bestimmte Bahnen werden durch bestimmte Stoffe angeregt. Sind viele Stresshormone vorhanden, regt dies die Verbindungen in meinem Gehirn an, die Gefühle wie Angst, Wut, Nervosität oder Stress erzeugen. Oxytocin und Progesteron als Bindungs- oder Glückshormone lassen dagegen die Nervenverbindungen aktiv werden, mit denen wir uns entspannt, verbunden und geborgen fühlen. Daher ist es so wichtig, sich in (Selbst-)Liebe und Mitgefühl zu üben. Wir fühlen uns dadurch nicht nur wohler. Gleichzeitig üben wir positive Denk- und Fühlmuster ein, das heißt, wir legen Verbindungen in unserem Nervensystem an und trainieren sie, damit sie zu starken Verbindungen werden.

Das Üben von Liebe und Mitgefühl können wir noch auf eine andere Art verstärken. Ich empfinde es generell als wichtig zu überprüfen, mit welchen Informationen ich mich umgebe. Meine Wohnung ist voll von Symbolen der Liebe, mit Karten mit Sprüchen, die mir guttun, Bildern, die mir das Herz öffnen und mich aufbauen. Finde heraus, was Dir guttut, und umgib Dich damit. Ich bemerke manchmal, dass jemand ein T-Shirt oder Hoodie trägt, auf dem ein guter Spruch oder ein schönes Wort steht. Ich reagiere öfter mal darauf und sage, dass ich den Aufdruck auf dem Shirt gut finde. Dabei ist es mir schon passiert, dass mein Gegenüber geantwortet hat, es wisse gar nicht, was da steht bzw. mache sich darüber keine Gedanken. Es lohnt sich, dies wahrzunehmen. Wir können uns mit guten Informationen umgeben, dies hat eine Wirkung auf uns. Natürlich löst das nicht Deine tiefgreifenderen Probleme, aber es ist eine positive Unterstützung. Das Wichtigste ist, immer wieder zu verstehen, dass ein (Groß-)Teil unserer Probleme aus unseren negativen Denk- und Fühlmustern entsteht.

Vor allem die Muster der Ohnmacht und Hilflosigkeit produzieren viele Schwierigkeiten und geben uns permanent das Gefühl, ein Opfer der Umstände zu sein. Kein Wunder, wenn wir den Himmel als etwas Unerreichbares im Leben empfinden und uns auch so verhalten. „Man kann doch eh nichts ändern", also versuchen wir es gar nicht erst. „Es ist nur ein Tropfen auf den heißen Stein", also geben wir uns nicht einmal die Mühe, uns an dem „Tropfen" zu versuchen. „Ich bin ein hoffnungsloser Fall", also halte ich alle und alles auf Abstand, sodass mir kein Mensch und keine Methode helfen kann. Diese Muster gehören wahrlich durchbrochen. Immer wenn Du so etwas bei Dir bemerkst, übe bitte zwei Dinge: Mach die *Drückübung*, die ich schon an andere Stelle erklärt habe. Das Drücken Deiner Hände und Arme gegen eine Wand, einen Tisch etc. aktiviert in Deinem Gehirn die Handlungsfähigkeit.

Zum anderen mache Dir in aller Deutlichkeit klar, dass dies ein Muster ist. Es ist nicht die Wahrheit. Es ist ein Muster. Verurteile Dich nicht für Deine Muster. Als Du sie erworben hast, hast Du gar nicht anders gekonnt. Erkenne Deine Muster und begegne ihnen freundlich und mitfühlend. Es ist ganz entscheidend, der Ohnmacht mit Liebe zu begegnen. Wenn ich ohnmächtig bin oder mich so fühle, verliere ich den Kontakt zu mir. Habe ich den Kontakt zu mir verloren, bin ich tatsächlich handlungsunfähig und damit ohnmächtig – ein Teufelskreis. Trotz der Ohnmacht mit mir liebevoll in Kontakt zu gehen, fühlt sich wie so oft anfangs sehr schwierig an. Dennoch ist es möglich und tatsächlich trainierbar. Mit der Zeit verändert sich etwas. Ich spüre die Kraft der Liebe trotz der Ohnmacht.

Es gibt immer wieder Menschen, die uns dies zeigen oder gezeigt haben, wie Nelson Mandela. Aber ich muss gar nicht so weit schauen. Ich erlebe die Beispiele immer wieder in meiner Arbeit. Da ist die Mutter, deren beide Kinder sexualisierte Gewalt erfahren haben. Wie oft hat sie sich hilflos den Traumatisierungen ihrer Kinder gegenüber gefühlt! Sie ist immer drangeblieben. Sie hat sehr viel an sich selbst gearbeitet, um ihren Kindern die bestmögliche Unterstützung zu geben. Auch wenn sie verzweifelt war und absolut nicht mehr weiterwusste – die Liebe zu ihren Kindern hat sie weitermachen lassen. Diese Frau steht beispielhaft für viele andere Helden und Heldinnen, denen ich in meinem Leben und in meiner Arbeit begegnen darf, und für die vielen wahren Superhelden dieser Welt.

Ich weiß, wie scheinbar ohnmächtig wir unserem eigenen Leid und dem Leid der Welt gegenüberstehen. Die Menschen, die sich mir in meiner Arbeit anvertrauen, beweisen mir tagtäglich etwas anderes. Wenn ich wieder erleben darf, wie vor meinen Augen eine Person mit Liebe und Mitgefühl auf Schmerz, Scham, innere Abgründe, Ängste, Wut oder Hilflosigkeit reagiert, erlebe ich den verkörperten Himmel. Immer wieder erlebe ich dabei als positive Begleiterscheinung, wie die Denk- und Fühlmuster meines Gegenübers sich verändern. Lasst uns unser Denken und Fühlen und damit unser Handeln mit Liebe füllen. Lasst uns die Verantwortung für den gelebten Himmel übernehmen. Wir sind es wert.

Das Trainieren von positiven Mustern kann Dir beim Durchbrechen Deiner traumabedingten Muster helfen. Dies ist allgemein bekannt unter dem Begriff Affirmationen. Ich möchte hier gerne darlegen, wie Du effektiv ein positives Denkmuster aufbauen kannst. Ein gut zu erklärendes Beispiel ist das Thema Prüfungen. Viele Menschen kennen die Angst, bei einer Prüfung (Referat, Auftritt, Bewerbungsgespräch usw.) zu versagen. Ein simples „Ich schaffe/bestehe es" als Affirmation reicht da nicht aus.

Versuche doch mal bitte Folgendes: Fokussiere als Erstes wieder Deine Füße. Erst wenn Du Bodenkontakt spürst, kannst Du in die Übung einsteigen. Als nächsten Schritt stellst Du Dir den Moment vor, in dem Du erfährst, dass Du die Prüfung bestanden hast. Dies ist wichtig. Wenn Du Dir vorstellst, dass die Prüfung hinter Dir liegt, kann Dein Gehirn darauf reagieren wie auf eine Erinnerung. Bist Du stattdessen darauf fixiert, dass die Prüfung noch vor Dir liegt, ist dies etwas Ungewisses für Dein Gehirn. Ungewissheit erzeugt Stress und das brauchst Du nicht. Stelle Dir also vor, die Prüfung liegt hinter Dir. Du musst gar nicht wissen, *wie* Du sie bestanden hast, Du gehst nur davon aus, *dass* Du sie bestanden hast. Jetzt versetze Dich in die Gefühle, die Du hast, wenn Du die Prüfung bestanden hast. Wahrscheinlich ist dies Freude, Erleichterung, Glück, Stolz, Zufriedenheit oder Ähnliches. Überprüfe zwischendurch, ob Du immer noch Deine Füße und den Bodenkontakt gut spüren kannst. Spüre die Freude usw. über das Bestehen der Prüfung. Wenn es wohltuend ist, stelle Dir bildhaft vor, wie Du anderen davon erzählst und diese Personen sich mit Dir freuen. Du kannst Dir auch vorstellen, wie Du das Diplom, die Note, den Führerschein etc. nach bestandener Prüfung in Händen hältst. Diese positiven Gefühle tun gut, und da Du sie wie eine Erinnerung abspeicherst, erlebt sie Dein Gehirn als Wahrheit. Natürlich wird auch diese Übung umso effektiver, je öfter Du sie anwendest.

Wer sich noch ein Stück weiter wagen möchte, probiert mal Folgendes aus: Stelle Dir vor, dass am Ende alles gut wird.
Egal, wie es jetzt gerade ist, ob schwierig, problematisch, schmerzhaft oder beängstigend, versuche, Dich auf den Gedanken einzulassen, dass es eines Tages gut sein wird. Eines Tages werden Liebe und Frieden herrschen. Du kannst versuchen, es Dir vorzustellen und zu fühlen. Eines Tages wirst Du die Ewigkeit in Deinem Herzen spüren. Wie wird es für Dich sein, wenn die Liebe alles hält und durchdringt, wenn Du in einen Zustand des Friedens und der Glückseligkeit gelangt bist? Du musst nicht fühlen, wie sich dieser Zustand anfühlen wird. Du darfst fühlen, wie Du auf diesen Zustand reagieren wirst.
Um den Unterschied etwas besser zu erklären, möchte ich dies etwas veranschaulichen: Hast Du eine Lieblingslandschaft oder einen Lieblingsort? Kennst Du es, wenn Du ans Meer kommst und Du riechst das Salz, spürst den Wind,

schaust auf die Weite des Meeres und fühlst Dich einfach nur glücklich? Vielleicht bist Du mehr der Berge-Typ und Du musst nur an den weiten Ausblick von einem Gipfel aus denken und schon fühlst Du Dich frei. Oder es ist dieses Gefühl von Nach-Hause-Kommen, das Du empfindest, wenn Du den Geruch von Weihnachtsplätzchen in der Nase hast. Du musst Dich nicht in die einzelnen Zustände in allen Details hineinversetzen, sondern Du darfst Dir die Empfindungen und Gefühle herholen, die diese Vorstellungen aktivieren. So ist es mit dem Zustand des Himmels. Du musst nicht wissen, wie genau es sein wird oder wie Du dahin kommst. Du kannst einfach nur wahrnehmen, wie es sich anfühlt, wenn Du den Himmel erreicht hast, wenn er mitten in Deinem Leben stattfindet. Kannst Du Dich darüber freuen, dass dieser Zustand da sein wird? Kannst Du Dich erleichtert oder glücklich darüber fühlen? Macht es Dich vielleicht stolz oder fühlt es sich wie ein Sieg an? Kommen Dir dabei die Tränen oder nimmt es einfach Druck von Dir? Für mich ist es dieses glückliche und friedvolle Gefühl des Nach-Hause-Kommens. Egal wie es für Dich ist, nimm dieses positive Gefühl wahr und genieße es. Verknüpfe es zwischendurch mit dem Gefühl des Bodenkontakts oder Deiner Herzgegend. Lege zum Beispiel die Hand auf Dein Herz und empfinde dieses schöne Gefühl, wenn Du weißt, der Himmel ist bei und in Dir. Nimm es wahr und blicke Dich dabei liebevoll an: Alles wird gut.
Alles wird gut, weil in Deinem innersten Kern schon alles gut ist.

Dieser Punkt ist entscheidend: Unsere Denk- und Fühlmuster sind sich selbst erfüllende Prophezeiungen!

Wenn Du willst, dass es für Dich und andere Menschen gut wird, ist es wichtig, dass Du tief in Dir drin spürst, dass es schon gut ist. Das kannst Du spüren, wenn Du Dich geliebt weißt und in der Liebe bist.

Dieser Umstand ist uns nicht bewusst und wir sind uns über viele unserer Muster nicht im Klaren. Willst Du Dich geliebt und wertvoll fühlen, musst Du begreifen, dass die Liebe in Deinem Leben, in Dir ist.

Auch deshalb wiederhole ich in diesem Buch immer wieder bestimmte Aussagen. Es soll sich tief in Deinem Bewusstsein und in Deinem Unterbewusstsein eingraben, dass alles gut wird, weil es schon in uns angelegt ist.

Die Liebe ist in der Welt.

Der allumfassende Frieden existiert.

Die Ewigkeit findet im Leben statt.

Der Himmel ist in uns.

Lasst uns diese Wahrheit zu unseren Denk- und Fühlmustern machen. Lasst uns von dieser Wahrheit leiten. Dann werden wir glückselig, denn dann entsteht der Himmel mitten im Leben.

5. Himmel leben

Lasst uns den Himmel leben, weil es unsere Bestimmung ist. Der Himmel existiert in uns und das ist gut. Wäre dies nicht der Fall, könnten wir ihn nicht spüren oder an ihn glauben. Ohne den Himmel in uns würden wir nicht existieren. Den Himmel in Dir zu aktivieren, ist gar nicht so schwer, wie Du meinst. Du tust es gerade jetzt, indem Du diese Zeilen liest.

In diesem Buch hast Du einiges erfahren und gelernt, wie Du Liebe und Mitgefühl anwenden kannst und wie Du aus Deinen (traumatischen) Denk- und Fühlmustern zu neuen, himmlischen Denk- und Fühlmustern gelangen kannst.
Aber das Buch ist noch mehr. Mit diesem Buch bezeuge ich, dass der Himmel in uns allen und die Wahrheit unseres Daseins ist. Der Himmel ist in Dir und damit bist Du eine Verkörperung des Himmels.
Lebe den Himmel, dann wird Dein Leben wunderbar.
Liebe den Himmel, mache ihn zur obersten Priorität Deines Lebens.
Siehe Dich und Dein Gegenüber als ein Wunderwerk der Liebe an. Lass die Liebe durch Deine Augen strahlen, wenn Du jemanden oder etwas anschaust, auch wenn Du Dich im Spiegel betrachtest.
Egal wer Dein Gegenüber ist, Du kannst immer Liebe üben.
Auch wenn Du keine guten oder angenehmen Gefühle für Dein Gegenüber hast, kannst Du immer Liebe und Mitgefühl für Deine Gefühle haben. Dann können Deine unguten Gefühle Frieden finden und mit der Zeit wächst die Liebe und der Frieden zwischen Dir und Deinem Gegenüber.
Sei achtsam mit Dir selbst und nimm Dich in Deinen Gefühlen wahr. Nimm Dein Glück genauso ernst wie Deine Not.
Sei achtsam mit Deinem Gegenüber, höre hin, wenn jemand mit Dir spricht. Wenn Deine Ohren ein Instrument Deines Herzens sind, kannst Du im Zuhören ein Gefühl von Glück erfahren und gleichzeitig Deinem Gegenüber einen Raum der Wertschätzung eröffnen.
Wenn Du spürst, dass Dein wahres Inneres Liebe und der Himmel ist, kannst Du aus der Fülle heraus leben. Diese Fülle

ermöglicht es Dir, von Herzen zu geben. Egal ob Du Aufmerksamkeit oder Wertschätzung, Nahrung oder Geld gibst, wenn Du es aus dem Bewusstsein Deiner inneren Wahrheit machst, durchströmt Dich die Fülle von innen nach außen. Dieses Strömen der Fülle von Deinem tiefsten Inneren nach außen in die Welt ist ein wunderbares Gefühl. Dieses Geben macht (glück-)selig.
Lass die Liebe in Dir sich widerspiegeln in Worten und Taten. Stifte Frieden, indem Du für Dich und andere Verständnis hast. Zu erkennen, dass wir alle verletzbar und sterblich sind und dass wir unserem Schmerz liebevoll ein Zuhause geben dürfen, fördert unser Verständnis und Mitgefühl für die Nöte anderer. Wenn wir nicht nur oberflächlich auf die Worte und das Verhalten anderer sehen, sondern auch ein Verständnis für die dahinterstehenden Nöte und Gefühle entwickeln, können wir zu Friedensstiftern werden.
Jedes Lebewesen hat ein Leben in Würde verdient. Es braucht aktives Handeln aus der Liebe heraus, um dies zu erreichen. Das macht Liebe so faszinierend für mich: dass sie uns aus passivem und blockiertem Verhalten herausführt. Der eigenen Schockstarre mit Mitgefühl zu begegnen, ermöglicht es uns, für Gerechtigkeit und die Würde allen Lebens einzutreten. Verkörpere den Himmel, weil es das Beste ist, was Du tun kannst.
Es ist unsere Aufgabe, dies zu tun. Die Zeit der Ausreden ist vorbei. Wir können nicht mehr sagen, wir wussten es nicht. Jetzt wissen wir es. Jetzt weißt Du es: Du bist so sehr geliebt. Du bist es wert, den Himmel zu leben. Liebe, tiefer Frieden und Glückseligkeit sind der Grundbestand Deiner Existenz. Lebe es und lebe Dich. Lebe den Himmel.

Du liest dieses Buch – vielleicht gefällt es Dir oder Du findest es schlecht. Unabhängig davon sucht die Liebe, die in Deiner Seele verankert ist, nach Resonanz. Deine Seele möchte aufblühen, um zu zeigen, wie wunderbar die Liebe ist und wie wunderbar Du bist. Du bist größer als all Dein Schmerz. Du magst in Schockstarren verfallen und in Denk- und Fühlmustern gefangen sein. Aber das stört die Liebe nicht. Sie geht mit, hinein in Deinen Schmerz und in Deine Dunkelheit. Selbst Deine Zweifel, ob das wirklich so ist, können die Liebe nicht aufhalten. Die Liebe ist das Grundprinzip des Lebens und das doch viel mehr als das Leben. Die Liebe lässt aus dem Nichts ein Universum entstehen. Sie verdichtet Energie zu Materie und ist doch so viel mehr, als unser Verstand in diesem materiellen Dasein greifen kann. Wenn wir der Liebe vertrauen und uns durch sie leiten lassen, geschehen große und kleine Wunder und der Himmel wird sichtbar.

Wenn wir angebunden sind an die tiefe und innere Wahrheit unseres Daseins, brauchen wir nichts mehr zu fürchten. Wir dürfen noch Angst verspüren, das ist normal. Unser Leben geht dann über unsere Ängste und Beschränkungen hinaus. Nichts ist mehr unmöglich, weil wir von der Liebe aus leben. Die Kraft der Liebe ist die Kraft der Schöpfung, des Erschaffens. Auch sie liegt in uns, und es ist eine ganz besondere Erfahrung, Wunder zu erschaffen, die aus der Liebe geboren sind. Die einen erfahren dies in der Geburt eines Babys, die anderen in kleinen Dingen im Alltag, die sich plötzlich zum Guten wenden. Wir erfahren es in der Solidarität mit unserem eigenen Schmerz und mit dem Schmerz anderer. Wir sehen es dort, wo es zur Versöhnung von scheinbar Unversöhnbarem kommt.

Es ist so viel mehr möglich, als Du gerade denken oder glauben kannst. Auch die großen Wunder von Heilung an Körper und Seele sind erfahrbar. Sie alle stammen aus der Kraft der Liebe und machen den Himmel auf Erden aus.

Liebe ist der Zuspruch an uns: *Alles ist gut*. Immer wenn wir durch das Geben oder Empfangen von Liebe die Information bekommen, dass alles gut ist, aktiviert das das Urprinzip unseres Daseins. Dann befinden wir uns in der Wahrheit unseres Lebens.

Viel zu viele Menschen meinen, dass nur das existieren kann, was sie begreifen können. Sie machen damit ihr Nervensystem, also ihr Gehirn, unser „Begreif"-Organ, zum Maßstab dafür, was im Universum existieren darf und was nicht. Dass unser Gehirn sehr reduziert in der Fähigkeit des Begreifens ist, das vergessen sie dabei nur zu gerne. Wenn wir meinen, unser Gehirn kann das Leben und den Himmel begreifen, ist das so, als würden wir sagen, dass ein simpler Taschenrechner einen Hochleistungscomputer begreifen kann.

Das Organ, das in der Lage ist, den Himmel in unserem Leben zu begreifen, ist unser Herz. Das Herz hat eine Weisheit, die die sogenannte Intelligenz unseres Verstandes bei Weitem übertrifft. Öffnen wir uns der Weisheit unseres Herzens, vertrauen wir und können übers Wasser gehen. Dinge, die vorher unmöglich erschienen, tun wir dann einfach.

Der Himmel geschieht tagtäglich in großen und kleinen Akten der Liebe. Wer das sehen kann, erlebt eine tragende Kraft, die Flügel verleiht.

Der Himmel geschieht, weil er ein Teil von uns ist. Das Leben ist nicht dafür da, uns einen ewigen Kampf ums Überleben

abzuringen. Es dient der Verherrlichung der Liebe, der Verkörperung des Himmels.
Das Wunderbare ist, dass der Himmel schon unter uns ist. Wissen wir dies, gehen wir von einem ganz anderen Ausgangspunkt in unser Leben hinein als ohne dieses Wissen. Den Himmel in uns zu spüren heißt zu spüren, dass alles gut ist.
Versuche es einmal: Lass Deinen Verstand links liegen und gehe davon aus, dass der Himmel in Dir ist. Gehe davon aus, dass Du gut bist. Gehe davon aus, dass alles gut ist und deswegen gut wird.
Zuerst wird sich etwas oder sogar alles in Dir aufbäumen, aber bitte versuche es. Dein Verstand wird Dir all Deine Probleme und die der Welt aufzeigen, um Dir zu erklären, dass Du nicht gut bist und nichts gut wird. Das darf er, er soll uns ja beschützen. Versuche es. Schaue Dich freundlich im Spiegel an, konzentriere Dich auf Deine Füße oder mache eine Herz-zu-Herz-Verbindung zu Deinem Verstand. Dann erkläre Dir selbst, dass alles gut ist mit Dir.
Verrückt? Probiere es weiter. Es geht nicht darum, Deine Probleme zu leugnen. Es geht darum, Deine Probleme unter dem Blickwinkel zu betrachten, dass alles gut ist. Es geht darum, das Leben, so schwierig es auch sein mag, unter dem Blickwinkel der Liebe zu betrachten. Es ist wie eine Mutter oder ein Vater, eine Freundin oder ein Partner, die das Problem liebevoll im Arm halten und vermitteln: Alles ist gut, ich bin bei Dir.
Alles ist gut ist die Information an Dein Nervensystem, dass Du angekommen bist, dass Du es geschafft hast, dass Du Ruhe und Frieden finden kannst.

Kannst Du spüren, dass eine Kraft in Dir entsteht, die größer ist als Deine Probleme? Selbst wenn Du es noch nicht spürst, gib nicht auf. Es wird kommen. Du wirst irgendwann spüren, dass Du mehr bist als Deine Probleme, Dein Verstand oder Dein Funktionieren-Müssen.
Da ist so viel mehr in Dir. Eine Kraft, die wahre Wunder bewirken kann. Es ist nicht die Kraft des Lösen-Wollens, sondern die Kraft, Liebe in alles zu geben, was ist. Vertraue Dich dem an, was in Dir angelegt ist.
Alles ist gut.

Dein Herz weiß das und wir können es spüren, wenn wir unser Leben auf den Himmel im Hier und Jetzt ausrichten.
Richte Dich auf das aus, was einzig und allein die Wahrheit unseres Daseins ist: Liebe, tiefer Frieden und Glückseligkeit.
Gestalte die Welt nach dieser tiefen Wahrheit.
Lasse Dich noch einmal darauf ein: Alles ist gut.
Fühle Dich gehalten von der großen Liebe, die um Dich herum und in Dir ist. Dein Leben wird sich danach gestalten.
Die Welt wird sich danach gestalten.
Genau jetzt, in diesem Augenblick geschieht es: Du verkörperst den Himmel!

Wie fühlt es sich an, wenn Du Dich auf „Ich verkörpere den Himmel" einlässt? Wie ist es, wenn Du diese eine Wahrheit „Der Himmel ist in mir" zulässt?
Komisch, verrückt, durchgeknallt, traurig, leer, schmerzhaft, berührend, liebevoll? Vielleicht alles davon oder auch gar nichts. Aber fühlt es sich nicht vielleicht sogar irgendwie wahr an? Lass es noch einmal an Dich heran:

Der Himmel ist in mir.
Alles ist gut.
Alles, was wir brauchen, ist in uns angelegt. In uns ist das Bewusstsein von Ewigkeit und Liebe, ein Zustand von Frieden und Glückseligkeit. In diesem Bewusstsein ist das Wissen *Alles ist gut.*
Die Liebe sendet das in die Welt und formt sie so zum Himmel.
Die Liebe ist in uns.
Der Himmel ist da.
Alles ist gut.

Literaturverzeichnis

[1] Dana, Deb: *Die Polyvagal-Theorie in der Therapie: Den Rhythmus der Regulation nutzen*, 2. Auflage 2019, G. P. Probst Verlag GmbH, Lichtenau/Westfalen 2018, S. 32–41

[2] Marx, Susanne: *Herzintelligenz® kompakt: Gesund und gelassen, klar und kreativ*, 7. Auflage 2018, VAK Verlags GmbH, Kirchzarten bei Freiburg 2010

[3] Levine, Peter. A.: *Sprache ohne Worte: Wie unser Körper Trauma verarbeitet und uns in die innere Balance zurückführt*, 2. Auflage 2011, Kösel, München 2010, S. 71–75; van der Kolk, Bessel: *Verkörperter Schrecken: Traumaspuren in Gehirn, Geist und Körper und wie man sie heilen kann*, 3. Auflage 2016, G. P. Probst Verlag GmbH, Lichtenau/Westfalen 2015, S. 68–69

[4] Charf, Dami: *Auch alte Wunden können heilen: Wie Verletzungen aus der Kindheit unser Leben bestimmen und wie wir uns davon lösen können*, 2. Auflage, Kösel, München, 2018, S. 48–54

[5] Marcher, Lisbeth und Fich, Sonja: *Body Encyclopedia: A Guide to the Psychological Functions of the Muscular System*, North Atlantic Books, Berkeley, California 2010, S. 362

[6] Böhme, Annika: *Tränenmarmoriert*, Wreaders Verlag, Sassenberg 2022

[7] Miller, Lisa und Barker, Theresa: *Die spirituelle Intelligenz unserer Kinder: So fördern Sie das entscheidende Potenzial, das stark macht fürs Leben*, VAK Verlags GmbH, Kirchzarten bei Freiburg 2016, S. 198–204

[8] Lisa Miller nennt es eine entwicklungsbedingte Depression, die von ihr als eine Aufforderung ans Gehirn verstanden wird. Miller, Lisa und Barker, Theresa: *Die spirituelle Intelligenz unserer Kinder,* a. a. O., S. 203

[9] Dana, Deb: *Die Polyvagal-Theorie in der Therapie,* a. a. O., S. 41

[10] Dana, Deb: *Die Polyvagal-Theorie in der Therapie,* a. a. O., S. 40

[11] Marx, Susanne: *Herzintelligenz® kompakt,* a. a. O., S. 50; Peters, Markus: *Gesundmacher Herz: Wie es uns steuert, verbindet und heilt. Der geniale Impulsgeber für Körper und Seele*, 3. Auflage 2016, VAK Verlags GmbH, Kirchzarten bei Freiburg 2013, S. 77–79

[12] An dieser Stelle muss ich der Professorin Monica Melanchthon danken, von der ich dies in einem theologischen Seminar erfahren durfte. Leider habe ich hier keinen schriftlichen Beleg und verweise daher auf https://staff.divinity.edu.au/staff/monica-melanchthon/

[13] Nehls, Michael: *Das erschöpfte Gehirn*, Heyne Verlag, München 2022

[14] Die Inspirationen gehen zurück auf: Dana, Deb: *Die Polyvagal-Theorie in der Therapie,* a. a. O., S. 40 und 213

[15] Hier wurde ich inspiriert durch: Dana, Deb: *Die Polyvagal-Theorie in der Therapie,* a. a. O., S. 216

[16] z. B. Ogden, Pat, Minton, Kekuni & Pain, Clare: *Trauma und Körper,* Junfermann Verlag, Paderborn 2010

[17] Croos-Müller, Claudia: *Kopf hoch: Das kleine Überlebensbuch. Soforthilfe bei Stress, Ärger und anderen Durchhängern,* 4. Auflage 2012, Kösel-Verlag, München 2011, S. 24, Übung 7

[18] Sie ist inspiriert von einer Darstellung von Peter A. Levine: Levine, Peter. A.: *Sprache ohne Worte,* a. a. O., S. 154 ff.

[19] Marcher, Lisbeth und Fich, Sonja: *Body Encyclopedia,* a. a. O.

[20] Levine, Peter. A.: *Sprache ohne Worte,* a. a. O.; van der Kolk, Bessel: *Verkörperter Schrecken,* a. a. O.; Ogden, Pat, Minton, Kekuni & Pain, Clare: *Trauma und Körper,* a. a. O.

[21] Christine Bedore und Kollegen von der Duke University in Durham haben dies festgestellt. https://doi.org/10.1098/rspb.2015.1886; https://pubmed.ncbi.nlm.nih.gov/26631562/, published by: Royal Society, Online ISSN:1471-2954

[22] Neuner, Eva und Frauenfeld, Rainer: *Die Seele und das wahre Selbst*, Verlag Kern, Ilmenau 2022, S. 32

[23] https://www.eva-neuner.de